中国
国际传播
新路径

媒介、消费文化与日常生活

寇佳婵 / 著

清华大学出版社
北京

内 容 简 介

本书以消费文化为视角，分析解读中国国际传播实践中存在的问题，提出通过三种方式改善国际传播效果：使传播方式与传播目的地国的消费社会形态相匹配；重建中国符号；以日常生活视角塑造跨文化传播产品。本书对改革开放四十年来的国际传播实践进行了三段式回溯，也加入了新近的北京冬奥会传播案例。

图书在版编目（CIP）数据

中国国际传播新路径：媒介、消费文化与日常生活 / 寇佳婵著 . — 北京：清华大学出版社，2023.1

ISBN 978-7-302-62296-3

Ⅰ.①中… Ⅱ.①寇… Ⅲ.①消费文化 – 研究 Ⅳ.① C913.3

中国版本图书馆 CIP 数据核字（2022）第 253489 号

责任编辑：张　莹
封面设计：傅瑞学
责任校对：王凤芝
责任印制：朱雨萌

出版发行：清华大学出版社
　　　　　　网　址：http://www.tup.com.cn，http://www.wqbook.com
　　　　　　地　址：北京清华大学学研大厦 A 座　　　邮　编：100084
　　　　　　社总机：010-83470000　　　　　　　　　邮　购：010-62786544
　　　　　　投稿与读者服务：010-62776969，c-service@tup.tsinghua.edu.cn
　　　　　　质量反馈：010-62772015，zhiliang@tup.tsinghua.edu.cn
印 装 者：小森印刷霸州有限公司
经　　销：全国新华书店
开　　本：155mm×230mm　　　**印　张：**12.75　　　**字　数：**162 千字
版　　次：2023 年 1 月第 1 版　　　**印　次：**2023 年 1 月第 1 次印刷
定　　价：76.00 元

产品编号：094871-01

前　言

研　究　背　景

自 1978 年改革开放以来的四十多年中，中国以开放的姿态拥抱世界，但在国际传播上一直存在"自我认知"与"他者认知"之间的偏差。在改革开放前和改革开放最初的 30 年里，中国在各方面飞速发展，从落后于西方国家到 GDP 增长为世界第三位。根据国家统计局官方网站上的数据，1978 年我国 GDP 为 3 678.7 亿元人民币（0.15 万亿美元），世界排名第 11 位；而到了 2008 年，中国 GDP 增长为 319 245 亿元人民币（4.59 万亿美元），增长了近 90 倍。30 年间，中国的经济体量从仅为美国的约 6%，占世界的 1.7%，增长到约为美国的 31%，占世界的 7.3%。

改革开放的第 30 个年头也恰逢 2008 年北京奥运会召开，以此为契机，中国的方方面面开始为世界所关注，国际传播进入了第一个关注红利期。此前中国经济发展积蓄的力量，与这一阶段国际传播的大量实践产生了相互作用力，形成了国际舆论场上中国声音的集中发声期。但这一时期中国的国际传播仍然以传统的媒体渠道、官方活动、公共外交、文化交流等方式为主，中国经济发展对于国际传播产生的积极效力主要表现在官方主导的传播活动增多、海外官方媒体渠道（如记者站等）的快速建设等。与此同时，经济发展的消极效力表现在其他国家对中国崛起的担忧等。可以说，这一时期中国经济发展通过官方渠道，对国际传播产生的大多是"聚焦式""意义驱动"的影响，经济并未直接作用于民间的国际传播交流，尚未产生基于民间的"分散式""利益驱动"的影响。

中国的国际传播研究也是自 2008 年起，产生了爆发式的增长。学者一直致力于研究通过各种路径来缩小认知偏差，修正传播效果，改善国际舆论环境，制造认同。对于国际传播的研究一直是跨学科研究，在国际关系、公共外交、政治营销、公共关系等学术领域均有大量研究成果。中西方意识形态、文化冲突是 2008 年以前中国国际传播研究中关注的主要问题。这一时期很多学者都在研究中提到国际传播困难重重。

2009 年后，凭借"后奥运"效应以及微博等社交媒体的诞生和发展，快速积累了丰富实践案例的中国国际传播研究视角从宏观转向微观，修辞学、叙事学、仪式传播、视觉传播研究等微观研究渐热。

这一时期中国经济也继续保持高速发展，据国家统计局网站数据显示，2009-2018 年这十年间，中国 GDP 从 348 518 亿元人民币（5.1 万亿美元）增长到 900 309 亿元（13.61 万亿美元），超越日本成为 GDP 世界排名第二的国家。这意味着中国经济对于世界的影响已经不可忽视。

2013 年习近平主席提出"一带一路"的倡议，中国的央企国企开始了大规模对外投资、人才输出。中国经济发展的影响已经不仅仅表现在国内，在政府倡议支持下，也持续并深入地影响到"一带一路"倡议所辐射的国家。在这一背景下，伴随着大量的中外合作项目，关于中国的新闻报道、民间交流、文化传播都有了实际载体。同时由于这一时期中国互联网科技和社交网络的极速发展，中国文化在走向全球的进程中，民间传播和交流的信息量级远超此前 30 年。

中国国际传播研究虽然有了较微观和务实的视角，但是自上而下的传播模式仍为主流。社交媒体等民间舆论交流场开始成为观测场的角色，但民间舆论形成机制在研究和实践中仍被认为是跟随事件本身的一种滞后的反应，甚少被视为可主动发挥影响的一种因素。国家和政府的行为活动仍是国际传播的主要内容。而随着中国官方媒体分支机构和一些民间媒体机构在海外的落地、运营，中国的传播人员开始对传播对象有了更深的了解，积累了丰富的实践层面的经验。随着各国传播实践活动的深入开展，重视国家、地域之间的差别，从民族、国家角度重视传播对象的差异，不能一个模式走遍全球等开始成为国际传播的新思路、新趋势。加上海外媒体机构、传播技术的媒介基础设施建设也开始能够支持较为细分化的传播活动，在国际传播研究中产生了"周边传播""一国一策"等具备"定制化"特点的传播战略思路。但值得注意的是，无论是"周边传播""一国一策"，还是着眼于更为广泛区域的区域传播，都是建立在传统的意识形态、地理距离、民族、国家等传统物理空间上的，仍未突破传统国际传播的研究视角和行为模式。同时也不得不承认，"一国一策"的国际传播理念虽然足够精准，但是过于强调所在国的个体差异，忽略了共性的探索，因此在实际应用中难免出现随机性较强，过于依赖基层政府、非政府组织、企业在传播目的地国的传播能力。过于强调个体对象研究，能够产生精品案例，但却难以复制推广，不利于形成更高层面的统一战略规划，也即有"策"易，有"略"难。

从社会发展来看，科技和媒体改变了商业环境，改变了人们的媒介素养和生活方式，改变了政府社会治理的方式，也改变了国家之间互动的方式。近年来，中国在科技、商业、媒体领域的大变革，让中国观察世界的角度和世界观察中国的角度都有了更新，原有的国际传播模式和理论亟待调整以适应新变化。

改革开放后短短40多年间，社会财富初现丰裕，在此过程中，人们的传统价值观念和生活方式也随经济发展不断受到冲击。中国共产党的十九大报告指出，中国特色社会主义进入了新时代，我国社会主要矛盾已经转化为人民日益增长的美好生活需要和不平衡不充分的发展之间的矛盾。这里的"美好生活需要"即体现了人们强烈的物质精神消费需求。在国内，消费主义及其相关文化已经成为中国社会不可忽视的一种发展趋势，消费主义不再动辄被贴上"铺张浪费"等涉及道德品质的标签，而被视为一种获得愉悦的活动形式。"消费"一词在各类政府文件、媒体报道中被用于表现积极含义的频率也逐渐超过其负面含义使用频率，消费正在成为中国社会倡导的生活方式。

一方面，在全球化的背景下，互联网科技的发展让各个国家原本处于不同消费阶层的人们加速了对话和互相模仿，促进了不同消费文化的融合共生。消费文化占据了人们生活中越来越多的时间，越来越改变着人们的思维意识。消费文化研究者认为，消费是划分阶层的手段。西方国家早在20世纪初就已经经历了对消费文化的关注，并形成了以凡勃伦、鲍德里亚等为代表的对于消费主义文化进行的系统、全面、深刻的反思与批判，包括消费主义与媒体的互相作用。西方发达国家利用消费主义文化的强大传播影响，向全球输出西方的生活方式。当前，世界各地正在或已经形成不同于传统资本主义意义上的消费主义的新型消费文化，它融合了旧有的西方消费主义文化和各国自身的现代文化。世界各国之间新型消费文化的融合，成为全球传播格局中不可忽视的一个变量。消费主义在全球扩散的过程中，促进了文化融合也遇到了冲突和阻碍。而当下互联网正在推进的这一轮新的全球文化交流中，人们通过观察与"消费"相关的习惯、行为偏好，自动在网上形成了一个个"脾气相投"的意见群体。

　　另一方面，西方国家长期在本国进行环境问题、消费文化的副作用批判和教育，在很多国家，对消费文化的反思已经不仅仅局限于少数精英和学术界，也成为更趋向于大众群体的一种普遍的思考方式和价值观，尽管这种价值观还处在与消费文化价值观的争夺中。但是这种反消费主义价值观的形成，在一定程度上影响了部分西方国家公众在接收到其他国家进行国际传播、文化输出信息时的反应。他们既反感纯粹的意识形态输出，也反感基于浅薄、浪费观念的消费主义文化的输出。

　　中国各地经济发展不平衡，存在明显的消费分层现象，并未形成一致的消费文化，加大了国际传播时他国的认知难度。但可以预见的是，在未来数十年里，消费文化及其相关社会表现都将是我国对外传播的一个内容载体，对消费文化的研究和相关应用，将是缩小国际传播中的认同差异的重要手段。

　　在新的社交媒体环境中，"人"的角色凸显，将受众群体科学分层的方法用于通常认为较为困难的国际传播、跨文化传播是一个新的思路。如果中国的国际传播没有与社会经济、文化、心理的变革紧密结合，对新的跨国传播现象没有重视，那么将使我国的国际传播陷入或拘泥于技术，或守旧于意识形态，或沉醉于文化输出的困境之中。

　　中国的国际传播相关研究视角多样、文献繁多。在经历了"对外宣传"期到"传播"期的转变后，国际传播的内涵和外延经历了从含糊到清晰的过程。在学术研究中，国际传播、全球传播和跨文化传播的概念有了区分，各自有了不同的侧重。一般认为，国际传播侧重基于国际政治的跨国传播，全球传播则侧重政治、经济、文化信息的全球流动，跨文化传播更侧重跨文化的沟通和交流。本书的问题偏向于宏观视角，既包括政治、经济、文化信息的流动，也包括跨文化传播。因此，本书采用国际传播这个外延更大的概念来进行研究阐述。

　　中国的国际传播研究从整体上看，主要有两个角度：媒介文本研究和受众研究。其中，媒介文本研究主要以国外媒体上的国家形象研究为主，也包括影视作品中的国家形象。从研究方法上说，主要是内容分析法，采用定量数据进行统计学分析。也有学者采用了西方话语分析或框架理论等分析方法。

社会公众对于国际传播的认知和反馈是国家形象的落脚点。从公众认知的角度研究国际传播效果和国家形象的研究方法主要有民意调查、问卷、电话访谈等。采用的数据来源主要是国外的几家大型调查机构，包括皮尤研究中心、盖洛普公司等。近年来，中国外文局对外传播研究中心（后更名为当代中国与世界研究中心）每年发布的《中国国家形象全球调查报告》也是从受众角度出发的研究。

进入 21 世纪以来，网络媒介的发展使得国际传播研究产生了新的研究趋势，更多跨学科的研究视角加入进来。有学者梳理了中国国际传播研究 30 年以来的变化，提出国际传播研究"经历了从关注国际主权硬实力的研究转向国家形象、国际话语软实力塑造，再到建构具有中国特色的国际传播理论和话语体系的三阶段。国家形象、国际传播、国际舆论、软实力、公共外交、跨文化传播等成为中国国际传播研究的关键词。国家形象塑造、国际传播能力建设、国际涉华舆论研究、对外报道研究、公共外交和跨文化传播成为中国国际传播研究的五大领域"。①

刘笑盈教授对当代中国形象进行了回顾与前瞻，用三段式概念，将中国形象融入世界分为三个历史阶段："21 世纪的最后 20 年是中国与世界的初步接触时期，21 世纪的头 20 年是我国与世界的深度磨合时期，之后 20 年则是我国在世界上的定位初步形成时期。"② 这种三段式分法将中国形象融入世界的阶段进行了基础划分，同时重点介绍了奥运会前

① 相德宝，张弛. 议题、变迁与网络：中国国际传播研究三十年知识图谱分析 [J]. 现代传播，2018(8)：73-77.
② 刘笑盈. 时空三段式：中国形象的新解读 [J]. 对外传播，2008(9)：23-25.

后中国对外形象的转变。本书也采用了三段式分法，对中国国际传播阶段进行了基于经济视角的调整和更具体的划分，并将 2013 年后社交媒体环境的变化和中国企业出海的变化纳入研究范畴，提出中国国际传播的新阶段划分。

在国际传播研究的众多分析维度中，一些学者特别关注到了消费、消费文化的影响。例如，赵月枝教授在研究中明确提出了消费社会对于中国对外传播的影响，并认为在消费社会中，中国进行国际传播时的主要误区之一就是中国传媒的精英意识。"中国正处于在快速全球化和两极分化的消费社会之中，越来越多的中国城市中产阶级将目光投向国外(更具体说就是西方)，而不是关注中国国内的底层，也就是说，他们并不愿意与国内较低的社会阶层进行交流。在这一语境下，不断扩张外国传媒业务，不断增强与西方'主流'受众的交流，符合中国传媒精英的文化情感……中国媒体希望在海外推进的所谓'国家利益'，也是由占优势地位的中国政治、经济、文化精英定义出来的。讽刺的是，正是西方媒体常常将它们自己定位于中国弱势社会阶层利益捍卫者和代言人的位置。"[1] 这是传播研究中比较明确地提出关注中国的消费社会背景的文献之一。喻国明教授则关注到了信息的消费行为，首次将信息消费与传播进行了关联分析。他认为，"一切生产现实价值的传播产品必须与人们既有的信息消费经验、信息消费偏好的信息消费模式相切合。如果不切合，传播者就会沦为'沙漠中的布道者'——再好的教义、再多的资金，也不会产生任何实际的效果"。[2]

虽然前人研究成果丰沛，但如今中国国际传播面临着前所未有之局面：新冠肺炎疫情给全球政治经济带来了巨大影响，让全球线下交流短期内不得不走向封闭，互联网和社交媒体成为现代跨文化传播主战场。

---

① 　赵月枝. 国家形象塑造与中国软实力追求 [J]. 文化纵横，2013(12): 52-59.
② 　喻国明. 构建国际传播的基本理念 [J]. 新闻与写作，2013(10): 89.

2021 年 5 月 31 日，中共中央政治局就加强我国国际传播能力建设进行第三十次集体学习，习近平总书记对国际传播能力建设提出新要求，强调讲好中国故事，传播好中国声音，展示真实、立体、全面的中国，是加强我国国际传播能力建设的重要任务。要加快构建中国话语和中国叙事体系，用中国理论阐释中国实践，用中国实践升华中国理论，打造融通中外的新概念、新范畴、新表述，更加充分、更加鲜明地展现中国故事及其背后的思想力量和精神力量。

2022 年，北京冬奥会和冬残奥会成功举办、俄乌战争等国际大事成为国际舆论关注的中心，中国国际传播正面临着全新的机遇和挑战。什么样的传播模式才是适应新环境，并能够创造和容纳新概念、新范畴、新表述的？这是本书想要探讨的最重要的问题。

视角、方法、创新性

一、研究视角

回顾国内外相关研究成果可知，中国国际传播研究和消费文化研究虽然都有丰硕的研究成果，但相对各自独立。中国国际传播研究除了传统的传播学视角外，多是与政治学、国际关系学、公共关系学相关的跨学科研究。其中包括软实力、国际关系、公共外交、国际话语权、话语体系、国家品牌、议程设置、危机管理、仪式传播、叙事学等。尚未发现从消费文化视角研究中国国际传播的跨学科的显著成果。在消费文化的相关研究中，国内学者的研究较为清晰地梳理了消费文化，以及消费文化与媒介的基本关系等，但较少将消费文化与中国国际传播相结合。少数将消费文化视角与国际传播结合的文献也仅仅着眼于对于媒介中的消费主义倾向这一主题的批判性研究，缺少对于受众需求的整体框架分析，也缺少对于最新的中国互联网技术背景下的中国文化走出去的相关研究分析。

　　总体而言,在当前,国际传播、国家形象是有着高应用性的研究领域,在极速的国际形势、国内社会变化中有着众多的新挑战。首先需要解决传统的传播学理论在面对新环境下的理论创新问题,引入能够更好地诠释国际传播的对象——处于社会结构转型中的新受众的跨学科理论、概念、研究框架。其次,亟须在大量的纯理论研究与众多孤立的案例分析中间形成一个有效的方法论连接,解决理论与实践脱节的现象。

　　目前随着媒体环境从有限的传统媒体逐渐扩散到无限的网络媒体、社交媒体,信息发布权利从少数“把关人”下放到公众,形成即时、互动式传播,不仅拉近了国内传播者与公众间的距离,也拉近了国际间的信息交流距离。传播学研究,不仅仅是媒体研究,更是社会结构和公众心理的研究。

　　本书尝试从消费文化视角入手,讨论消费文化与国际传播的关系和影响。目前,消费阶层的差异、消费意识的差异对于社会心理、社会文化的影响已经在社会学、经济学、商业实践等领域被广泛关注,但与传播相关联的很多问题都还没有在研究中证明。

　　本书关注的相关问题主要包括:1. 社会消费分层的差异对于大众传播效果是否存在可对应的关联,这种关联应如何描述;2. 国内的消费文化特征与中国国际传播的主要目的地国之间存在哪些差异,这些差异是否影响了国际传播效果;3. 在消费文化的全球影响中,是否可将其用于对中国的国际传播主要目的地国进行有别于传统方式的梳理和归类等。

　　本书的研究对象是:1. 有代表性的国家的经济、宗教、文化、环境等能够反映消费文化特征的各项指标、数据、文献;2. 基于时间维度的中国 1978—2021 年间的国际传播实践相关报道、文献;3. 基于空间维度的不同消费文化类型的典型国家和地区中,中国国际传播实践的相关报道、文献;4. 中国国际传播的典型受众群体,他们的消费文化观念、媒介素养，以及对于中国传播符号的接受程度。

二、研究方法

本书是社会学与传播学的跨学科研究，涉及的主要理论有：社会学中的消费文化相关理论，传播学中的传播效果相关理论等。

研究建立在消费文化与中国国际传播存在关联的经验假设上。因此，在初期论证阶段，通过定性研究和定量研究结合的方式，尝试了不同研究方法的组合，试图从多个角度进行更具科学性的研究设计。具体组合采用的研究方法包括假设法、问卷调查法、数据分析法、案例分析法、访谈、文献分析法等。

（一）假设

主要假设 1：中国在进行国际传播时所涉及的国家和地区表现为以下四种消费满足社会类型：物质满足型社会、符号满足型社会（分为身份符号满足型社会与个性符号满足型社会两种类型），以及价值观满足型社会。针对不同消费满足社会类型，中国应采取不同的传播策略以改进传播效果。

主要假设 2：中国的消费文化表现为介于身份满足与个性满足之间的复合符号类型，当与传播目的地国出现消费满足差异时，会影响国际传播效果。

（二）定量研究

社会学和传播学中，定量数据分析是常用的研究方法，通过搜集"客观的"观察资料来理解研究对象。在社交媒体时代，线上进行数据搜集变得简单易行。因此，电子问卷调查和大数据分析是越来越常用的研究手段。本书最初也尝试使用这两种手段进行定量数据的搜集，但是由于样本量、返回的数据结果不理想等问题，仅作为中期研究的参考，未作为支持资料直接在研究成果中引用。

A. 问卷调查法

问卷调查法是学术界在研究国际传播问题时常用的研究手段之一。使用问卷调查法的优势是能够获取第一手数据，并可对数据进行多项交叉分析，分析自由度高，可验证多种不同假设。因此本研究曾优先考虑使用问卷调查法，拟针对国外不同国家、处于不同消费文化分层的受众发放关于"中国国际传播效果与不同消费文化的关联度"的问卷1 000份。经过资料调研发现，目前面向全球海外受众进行的与中国国际传播相关的调查问卷并不多，影响力比较大的有中国外文局当代中国与世界研究院（原对外传播研究中心）自2012年起每年发布的《中国国家形象全球调查报告》。该报告启动之初的调查国家有7–10个，样本量有3 000–5 000份，2018版覆盖了处于不同经济发展水平的22个国家，访问样本共计11 000个，每个国家500个。这是国内目前公开找到的相对最具权威性和可信度的关于中国国家形象的整体报告，但相对于全球多样化的受众而言，样本量仍显不足。故本研究前期进行的尝试性问卷调研，仅作为中期研究的参考。

B. 大数据分析法

互联网科技带来的数据获取便利使得大数据分析法成为目前传播学界常用的研究方法。大数据分析法的优势在于样本量大，数据公开、直观、可查验，辅助研究工具成熟，分析效率高。特别是对在社交媒体上的信息发布、转发、评论等的定量分析，往往成为传播效果研究的重要佐证。但是在早期调研中发现，目前在海外社交媒体上开设的中国企业、媒体的官方账号的粉丝数量、评论转发等互动数量不高，部分互动账号从ID上看，可明显看出海外华人的姓氏特征，海外普通受众关注度较低。且目前社交媒体账号营销较为普遍，公开的关注数量、评论互动数据中难以排除存在人为操作的干扰。由于本项研究的目的是区分不同国家当地的消费文化，主要研究对象限定为当地居民而非海外华人，因此，以国内官方机构的海外社交媒体账号为研究对象进行大数据分析，有可能得出的结论存在明显偏差，即将海外华人、中国留学生、在海外社交媒体发表信息的国人等人群的态度、认知、评论等意见当作海外受众的整体意见。综合以上原因，在研究中放弃使用大数据分析作为主要研究方法，而改为在局部研究中作为参考，即海外社交媒体上的公开信息仅在案例研究分析中作为引用的辅助支持资料，仅代表公开获取的观点。

C. 间接数据分析

前期调研中发现，虽然针对中国国家形象、国际传播效果的整体调研成果很少，但无论是社会学还是传播学，从某一局部入手的数据报告和公开信息比较多。虽然是间接数据，但这些数据是国际上的权威机构发布，样本量大；多年持续发布，具备一定连续性，利于客观分析；大部分数据为 2019 年之后发布，具备时效性。因此，考虑到调研成本、问卷设计科学性、结论科学性等问题，本研究放弃了问卷调查法，改用间接数据综合分析的方法，根据公开的数据资料，设计分析量表，综合各项指数，提出消费文化社会的分类标准。

（三）定性研究

A. 案例研究

本书在案例的选择上分为时间和空间两个维度。第三章将中国国际传播的历史经验作为时间维度的案例，将其分为三个不同的时间阶段，每一个时间阶段作为一个案例，分析消费文化差异在不同时间段对于中国国际传播的影响和相应的突围表现。第四章选取了不同消费文化社会的典型国家作为空间维度的研究案例，分析中国国际传播在不同消费满足社会类型中的典型困境表现，并提出突围路径。

B. 访谈

访谈方式：

　　本书使用了访谈法搜集一手资料，作为定性分析方法之一。与社会学中常见的访谈研究不同的是，研究中的访谈对象大多不是随机选择的普通人，而是中国在进行国际传播时所涉及的关键机构的关键岗位负责人。包括：中央、地方政府部门海外传播部门负责人或新闻发言人；主流媒体驻外记者；央企海外传播负责人；全国工商联、中非商会等与跨国传播相关的协会负责人；出海互联网企业海外传播负责人、创始人；在京的外国人等。访谈形式为一对一的电话或面谈，访谈时间集中在2019 年 10–12 月间。

　　访谈伦理：

　　出于对研究者的信任，除了极少数被访谈者表现出顾虑外，绝大多数被访谈者都欣然同意采访信息可标注实名信源使用于本研究中。但在访谈记录的整理过程中，出于研究伦理的考虑，特别是大部分被访谈者已从原岗位离开，在访谈中除了提供关于中国的国际传播历史、国际传播的宏观战略、细部操作中的困境与创新探索等诸多客观信息，也提出了很多主观观点和评价，这些观点和评价是从事后看当时的情况，因此以反思为主。访谈内容反映了中国在进行国际传播中的诸多问题和正在进行的努力。尽管获得了被访谈者的授权，但如果实名使用这些信息，仍有可能存在在不同语境下被误读的风险。

　　被访谈者的职位特征对于研究的意义要大于个人特征，为了平衡研究的真实性与客观性，在研究中，记录了被访谈者提供的信息。同时，也有意识地与一般社会学访谈方法相区别，不对访谈对象进行个人特征的记录和分析。

　　最终在研究中呈现的是以 A 先生或 B 女士等化名以保护个人信息、（除非必要）尽量以不隐去机构信息的方式使用在研究文本中。本书的正文选用了部分与研究相关度较高的观点，更详细的内容附于书后附录中。

C. 文献分析

本书涉及文献包括公开研究报告、公开中英文报道、社交媒体信息，以及学术研究文献四类。

经过文献回顾、前期调研论证、研究方法组合尝试，最终，本书采用的研究方法与国内传播学界常用的相对单一、清晰的客观经验主义范式略有不同，采用了融合型的方法，融合了客观经验主义研究范式和诠释经验主义研究范式。既使用了客观经验主义研究范式中的实证研究、规律探索的路径，通过行为探析因果关系；同时也使用了诠释经验主义研究范式，对于符号的意义、研究对象的主观经验进行诠释。

本书设计的研究思路是：首先基于经验提出主要假设，假设消费文化与中国国际传播存在关联，假设消费文化可被分为不同的满足类型，假设当中国社会表现出来的消费满足类型与国际传播目的地国不一致的时候，会发生满足错位，影响传播效果。通过历史文献和理论研究，充分论证该假设。再通过找到时间（历史分析）、空间（区域分析）维度中的困境、问题进行反向验证；通过在此假设下设计的工具、产品的适用性分析进行正向验证（见图 0-1）。

三、研究创新

本书的研究创新存在于三个层次：宏观上的视角创新，中观上的方法创新，以及微观上的工具创新。

视角创新：

将社会学与国际传播学紧密结合，首次用消费文化视角重新建构中国国际传播中的信息消费的满足体系。基于消费文化的相关理论提出假设，假设中国国际传播的受众群体处于消费社会的不同发展阶段，即前消费主义阶段、消费主义阶段与后消费主义阶段。将受众分为前消费主义阶段的物质满足型受众和消费主义阶段的符号满足型受众，以及后消

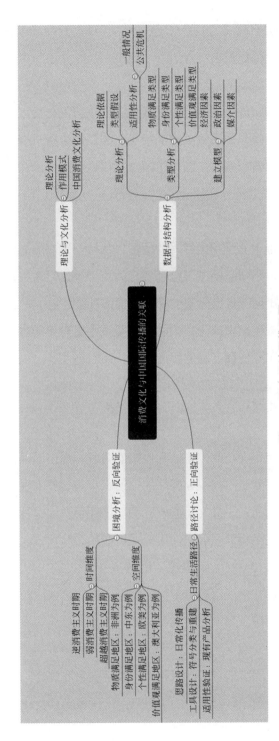

图 0-1　研究设计思维导图

费主义阶段的价值观满足型受众三种基本类型。其中符号满足型又分为身份满足型和个性满足型。

方法创新：

利用可溯源、便于获得的公开数据，创建新的分析工具。在大量多维度公开数据中找到关联，创建消费文化类型的分析量表，用以进行国际传播中的传播对象研究，简化中国国际传播目的地国在信息接收特征上的规律判断。

工具创新：

将国际传播中对于中国符号的使用，从单一维度的文化意义扩展到日常生活场域。将常见的中国符号划分为用于满足日常生活需求的三个不同层面：认知类符号、标签类符号和价值观类符号。使其能够从传统的文化误读中被剥离，成为在国际传播实践中更有正向效果的工具，以此为基础进行国际传播产品的塑造。

各 章 概 述

第一章为消费文化与中国国际传播的关联。提出国际传播的实践过程中产生的传播效果不仅仅与媒介的渠道、策略、技术发展有关，也与传播目的地国的消费主义文化形成互动。按照目的地国社会特征和传播国媒介的消费主义属性强弱，作用模式可概括为穹顶式、履带式、海绵式和套娃式四种模式。之后讨论了消费主义文化在中国的历史和现状，说明了通过消费文化视角看待中国的国际传播的合理性和必要性。

第二章为消费满足的社会类型与影响因素。按照假设的消费文化类型特征，通过不同维度的数据综合建立模型。提出影响一个国家或地区的消费文化类型的因素包括政治因素、经济因素和媒介因素三类。通过模型计算得出中国国际传播中的主要目的地国家消费文化社会分值，并按分值对应到物质满足、身份满足、个性满足和价值观满足四种消费满足类型。

第三章为中国国际传播的历史困境与突围尝试。这一章是对中国国际传播基于时间维度的分析，也是对于研究假设的反向验证之一。选取1978年到2019年这一时间段为研究对象，划分出1978年至1992年、1993年至2008年、2009年至2021年三个不同阶段。重点讨论三个不同阶段中国国际传播的基本特点。通过对比同时期世界其他国家消费文化的总体趋势，从消费满足错位产生传播惯性错位的角度解读历史困境。

第四章为中国国际传播的全球典型困境与突围尝试。这一章是对中国国际传播基于空间维度的分析，也是对于研究假设的反向验证之二。选取第二章中归类的四个不同消费满足类型的典型国家进行案例研究，得出中国国际传播中的四种典型的困境类型：针对物质满足社会的现代性困境、针对身份满足社会的文化困境、针对个性满足社会的魅力困境和针对价值观满足社会的伦理困境。之后对本章中每个案例都进行了突围路径的初步探讨。

第五章为理论适用性验证，探讨国际传播产品的创新。首先以消费文化理论中的日常生活理论为依据，从受众需求入手，提出沿用中国国际传播中的常用方法——以符号建构国家形象，但需要从消费满足视角对中国符号进行重建，建立更符合日常化需求的新符号。最后进行了操作性的探讨，以案例的方式分析了基于新符号工具的传播产品化策略。

目　录

第一章

消费文化与中国国际传播的关联

本书将消费文化视角引入中国国际传播研究，是基于一种经验假设即消费文化与中国国际传播存在关联。本章首先厘清关键概念，其后通过历史研究、理论研究梳理消费文化对于国际传播起到哪些作用，阐释将两者结合讨论的意义何在；梳理消费文化与中国国际传播的历史关联，当今中国的消费文化特征，及其在国际传播中将会产生何种作用。

第一节 关键概念

一、"消费"的概念

消费，英文单词 consume，从 14 世纪起已经出现在英文里，意指完全消耗、吞食、浪费、花费。[①] 在几乎所有早期的英文用法里，consume 这个词都有负面的意义。在 16 世纪，consumer 一词，同样有毁灭或浪费的意义。直到 18 世纪中叶，consume 一词开始以中性意义出现在有关中产阶级的政治、经济描述里。20 世纪中叶，这个词从狭

① 雷蒙·威廉斯. 关键词文化与社会的词汇 [M]. 刘建基，译. 北京：生活·读书·新知三联书店，2005.

义的政治、经济用法转为较为广义的一般用法。由英国学者戴维·皮尔斯（D. Pearce）所编著的《现代经济学词典》中对其定义为："使用商品和劳务满足当前需要的活动①"。

作为经济学术语，"消费"包括生产消费和生活消费两个方面。消费体现的是人与物的关系。《汉语大词典》的解释是"为了生产和生活需要消耗物质财富"、"消磨、浪费"②，含有贬义。而我国专门研究消费问题的《消费经济辞典》的解释是"人们通过对各种劳动产品的使用和消耗，满足自己需要的行为和过程③"，表述中性，不做褒贬。

本书并不在文本上给予消费新的定义，研究中提到的"消费"指的是购买和使用实物产品和虚拟产品的过程。作为现代社会的一种经济行为，消费包括虚拟消费在内的消费行为是人在需要和满足上的重要一环。2021 年是虚拟消费火热的一年，在元宇宙概念下，虚拟世界、虚拟物品、NFT（non-fungible Token，非同质化通行证）等消费新形态虽不算普及，但已进入社会讨论话题。在这种背景下，消费中的满足感，越来越接近于符号性质，是想象出来的，可以通过传播等非物质层面的行为来影响。本书中提到的消费概念，不仅是经济行为，也是社会行为和文化形态，本质上越来越从物质转向文化。

二、"消费文化"的概念

西方研究者们认为，在第二次世界大战之后，资本主义社会全面发展，人们的需求和消费得到前所未有的重视和强调，刺激消费、增加消费、指导消费成为资本主义的中心任务。广告、包装、展销、时尚、旅游以及令人眼花缭乱的各种商品品牌，构成一种"物品系统"。人们每

---

① 戴维·皮尔斯. 现代经济学辞典 [M]. 宋承先，等译. 上海：上海译文出版社，1988: 111.
② 汉语大词典简编 [M]. 上海：汉语大词典出版社，1998: 1598.
③ 林白鹏. 消费经济辞典 [M]. 北京：经济科学出版社，1991: 1.

天都在报纸和电视传媒制造和宣传的"符号"里进行驯化。在大量符号中，普通大众丧失自己的理性观察力和判断力，只是一味追求符号带来的价值。而文化则被整合进产品中，通过消费将人们归属为不同的社会身份地位的符码。因此，"消费文化"指的是通过消费所制造的社会差别，文化规则及其意义的渗入为消费行为划分了等级层次，实现自身身份的构建以及与他人的区分。

在西方学者的研究中，并没有对"消费主义"和"消费文化"进行特别区分，很多时候将两者互相替换使用。根据 Gabriel 和 Lang 对消费主义概念内涵的梳理，消费主义包含着以下五个方面含义：1. 通过消费实现幸福生活的一种伦理（Moral Doctrine）；2. 通过商品显示社会地位的炫耀性消费意识形态（Ideology of Conspicuous Consumption）；3. 主张对消费水平和自由市场的追求从而促进全球经济发展的经济意识形态（Economic Ideology）；4. 一种创出市场和推进市场原理政策的政治意识形态（Political Ideology）；5. 促进消费者权益保护的社会运动（Social Movement）。①

在我国学者的研究中，往往将消费主义和消费文化进行明确的界定和区分。我国学者们围绕消费文化概念有数十种不同定义，且彼此之间有重大分歧。综合起来主要有广义和狭义两种。狭义的消费文化概念将消费文化等同于消费主义文化，认为其是欧美社会中的主导性意识形态，由资本驱动侵入不发达国家，并成功颠覆了传统的消费认同。这种概念仅仅涵盖了上述含义中的第二条，认为消费主义价值观是一种破坏性的价值观，偏向于批判和贬义。

广义的消费文化包括符号文化和价值观文化两种观点。符号文化观点持有者认为消费代表着一种生活方式，人们所消费的是一种符号价值，

---

① 吴金海. 消费的时间隧道：消费社会理论重构与中国社会消费理解 [M]. 北京：中国社会出版社，2019.

而这种价值既可是消极价值，也可是积极的、创造性的价值。在这种观点中，消费文化的外延大于消费主义文化的外延。

价值观文化观点持有者认为，消费文化是人们消费活动中的价值取向和价值规范，以及反映在物质产品上的文化层次和文化趋向，而且这是在长期的经济生活中所形成的关于消费的一种稳定性的共同信念，即约束居民消费行为或消费偏好的一种文化规范。这种观点强调了消费文化的精神文化内涵，但忽视了其物质文化内涵，更加忽视了在高速发展的经济社会中，消费文化观念的可变动性。

本书提到的"消费文化"是广义的消费文化概念，综合了消费文化的符号观点与价值观观点，承认消费文化的消极性和创造性，也承认在经济发展和传媒影响下，消费文化的可变动性。本书中的消费文化既包括物质文化，也包括符号文化和价值观文化。在当下，更符合时代背景的对于消费文化的表述是从"生产型社会"过渡到"消费型社会"中形成的一种生活方式。在同一个社会制度或国家中，可以形成不同的消费文化阶层，但会有一种消费文化成为主流。

三、"消费社会"的概念

"消费社会"的概念被认为是法国哲学家让·鲍德里亚（Jean Baudrillard）首先提出的。他的《消费社会》一书为人们看待社会提供了新的思考方式。在当时很多西方学者均以后现代社会、后工业社会等概念描述社会形态时，鲍德里亚从人与物的关系入手，从特殊的需求理论，即消费者需求的是商品被赋予的含义，而不是具体实用价值这一观点出来发定义当时的社会形态。

消费社会颠覆了以生产为中心的社会结构，把消费行为置于主导位置。鲍德里亚论述的关于消费社会的特征有：一是消费的符号化；二是消费价值观的变化，强调占有，减少自我约束；三是审美平面化，追求短暂的、即时性的趣味，而放弃了对深度和理性的追求；四是消费的感性化，注重个人欲望的满足。

国内学者普遍认为，20 世纪四五十年代起，随着电子媒介的兴起，西方进入了消费社会。一个社会进入消费社会至少需要满足三个条件：一是生产力具备相当规模；二是消费的目的是为了满足非生产性的欲望；三是消费的属性从物质属性向符号属性转变。

消费社会中，消费者的经济地位正在取代政治权力和责任，消费者取代了公民。消费的个性化和符号化成为当今消费社会的主要特征。有学者观察到，自 20 世纪 50 年代起，尤其在 70 年代与 80 年代期间，出现了以消费为生活风格重心的新团体。他们的外在特征，如年龄、性别、种族和职业所决定的社会经济阶层并不让他们产生身份认同，而符号化消费则让他们建立起自身的社会身份认同。而这种群体则被很多社会学家看来意义深远，被认为将随着网络空间的扩展，具有不可预测的社会决策权。事实上，这种预测在今天已经成为现实。如今这种群体如新崛起的"Z 世代"等已经表现出了他们与网络空间共同生长的特征，以及超乎想象的社会影响力。

学者艾伦韦尔斯在研究现代消费社会时提出了四种类型的国家模式：高消费主义和高生产主义；高消费主义和低生产主义；低消费主义和高生产主义；低消费主义和低生产主义。如美国这样的现代社会，存在着高消费主义和高生产主义，说明此类国家是过度享乐型国家。大部分发展中国家则表现为低生产和低消费的特征。[①]艾伦韦尔斯认为跨国公司扮演的则是盲目开发低消费国家的消费欲望，利用他们低生产水平的阶段并从中获利的角色。[②]

---

① 周宪. 文化研究关键词 [M]. 北京：北京师范大学出版社，2007.

② ALAN W, Picture-Tube Imperialism? The Impact of U.S. Television on Latin America. Maryknoll, NY: Orbis Books. 1993.

本书中提到的"消费社会"一词，是对于鲍德里亚等学者提出的学术概念的引用，一般出现在背景阐述性文字中。研究认同"消费社会"是现阶段现代化社会的突出特征，并代表了未来一段时间内的发展趋势。对于中国而言，消费社会化是改革开放 40 多年来取得的经济成就的体现，在全球化进程中，中国也无法脱离消费社会化趋势。但中国的消费社会化与西方学者论述的资本主义特征的消费社会有诸多明显差异。因此，本书中论述的消费社会，除了少数作为整体概念直接引用外，更多是将其细分，力争发现在多元社会中，不同国家消费社会类型的差异。本书根据主流消费文化的不同表现、人们对于消费满足的不同追求方式，将社会类型分为物质满足型、符号满足型（又可分为身份符号和个性符号两种类型）和价值观满足型，共三大类四种类型。

四、"符号"的概念

"符号"一词在研究中有两个分支，一个是哲学的，以反对萨特的存在主义而产生的；另一个则主要是从索绪尔语言学发展而来的，确立了符号学的概念，属于语言学的范畴。索绪尔（F. Saussure）认为符号由"能指"和"所指"组成。罗兰·巴特（R. Barthes）认为"符号是一个包括能指和所指的符合词"。

索绪尔和罗兰·巴特的符号理论为鲍德里亚建立关于消费符号的批判提供了理论基础。以鲍德里亚为代表的学者将消费文化的最主要特征阐述为"符号消费"。符号学把消费的各种物品作为意义的符号和载体进行研究，力图在物的体系与意义的体系之间建立某种联系。

基于社会维度的符号学研究，用于研究"符号自我"，即人的身份认同。符号自我在社会中不断学习，矫正符号意义，并通过反思，进行上下位移。皮尔斯（C. Peirce）认为，人具有"反思自我"。当自我对自身的意义活动进行反思，也就是对自己如何处理符号的元语言方式进行反思，自我就进入了第二层次，即"元自我"层次。

基于修辞维度的符号学研究，用于研究文本、语境、传播中的"意图定点"。所有符号的发出者都给予文本一定的意图意义，但是意图意义并不能替代可实现的意义。而"意图定点"则是符号发出者认为可以用各种手段达到的一个效果。[①] 符号的意图定点往往是瞄准特定接收群体，因此如何利用恰当语境进行预设安排至关重要。

不同于以前符号概念仅在学术领域里为人所知，近几年，在国内传播、广告、公共关系、互联网等商业领域，"符号"一词的理论意义已经越来越被人们所熟悉。很多学者、互联网工作者已经注意到在 web2.0 和即将到来的 web3.0 时代里，符号或许有着比以往更重要的意义，是值得深度挖掘和关注的。

有关符号学研究的著作汗牛充栋，国内外学者成果显著。本书并无意聚焦于符号理论学研究，而主要使用前人的符号学理论成果，用以分析实践问题。本书中提到的"符号"也包括两种不同的使用语境，一是用于社会维度，区分不同人群的"符号自我"，表述消费文化中人的"异化"程度，即对于符号消费的追求程度。研究将"符号满足"视为体现典型消费文化特征的满足阶段。提出典型的符号满足包括身份符号和个性符号两种。在符号满足之上一层次的群体，本书称之为"价值观满足"群体，用来形容进入"元自我"层次的主动反思消费主义的群体。二是用于传播和修辞维度，意指中国的国际传播中，可被他国消费者用来进行消费的"中国符号"。在国际传播领域里，中国符号的"能指"受到了不同消费文化的语境影响，符号的意图定点经常发生改变。由于发送者和接收者的消费文化差异，符号传达和表意效果也存在差异。

---

① 赵毅衡.符号学原理与推演[M].南京:南京大学出版社,2016.

第二节　消费主义与国际传播的关联①

西方研究者认为，消费主义价值观在 19 世纪以后在普通大众层面扩散。在这之前的资本主义社会，崇尚劳动和节俭的意识形态还起着主导作用。按照丹尼尔·贝尔（D. Bell）的观点，消费主义扩散到普通大众层面并形成消费社会，始于 20 世纪 20 年代。除了技术革命要素外，它还得助于三项社会发明：流水线作业的生产方式、刺激消费欲望的科学化营销手段以及分期付款购物方式的传播。②

通常认为，消费主义特征与一个民族的传统文化相对立。现代消费社会首先是"丰盛的"，而且是欲望活跃的、渴望新奇的，甚至是反传统的。因此西方消费主义意识形态和消费文化在向全球传播的过程中，往往会受到当地传统文化维护者的抵制。但当今社会持续的商业化推动着个人自愿或不自愿地挑战传统的社会地位，模糊既有的阶级认同，显现出对于身份的困惑。从而，他们不自觉地在消费主义文化中重塑身份认同。

全球化背景下的城市生活已经被符号和幻象所重新解构和编码。除了个人购物行为，人们每天还要消费来自媒体的各种信息，要面对周围人讨论潮流或追逐时尚的举动，消费主义型塑着当代人的存在方式和生活风格。赫伯特·马尔库塞（H. Marcuse）在其《单向度的人》中指出，发达工业社会中商品的生产集中于资本家和文化专家的手里，他们控制着社会话语权，科技与消费文化成为资本主义控制的新形式，塑造出新型集权主义社会，"当一个社会按照他自己的组织方式，似乎越来越能

---

① 在西方学者的研究中，"消费文化"与"消费主义"是可以相互替换的概念，并未明显区分。因此我们在讨论消费文化与国际传播的关联时，使用"消费主义"一词更为准确。在讨论中国的情况时，使用了国内研究更为通用的"消费文化"一词。

② 贝尔.资本主义文化矛盾 [M].赵一凡，等译.北京：三联书店出版社，1992.

满足个人的需要时，独立思考、意志自由与争执反对权的基本批判功能就逐渐被剥夺①"。消费主义鼓励人们获得新的兴趣和个人意义，看似是一种更加强调个体，而非集体的文化，但是通过对有型商品、文化产品、虚拟商品等消费过程中的"符号"的设置、归属，打破了原有身份，重建了新的文化圈层。当消费行为本身呈现跨国、跨域的特征时，即可自然形成跨国、跨域的文化圈层。

国际传播是一种跨文化传播，面临意识形态、文化、经济、宗教等多方面的矛盾冲突。消费主义是一种现代现象，作为一种跨阶级的意识形态，在现代社会具备全球扩散优势。回溯消费主义文化的全球传播，就会发现"模仿"是其中的核心驱动力。工业、科技领域的模仿成本高、壁垒高，而生活方式的模仿则可以快速传递，哪怕在媒介并不发达的时期。美国的消费主义最初即是模仿西欧而来。在18-19世纪，美国不甘在贸易、文化和精美的生活物品方面落后于欧洲，从而把欧洲当成消费标准的模型，从家庭内部家居陈设，到身上的服饰穿戴，再到由英国输入的浪漫主义小说等都大量模仿欧洲的消费方式。消费主义成为社会在经济快速发展中，身份和补偿性满足感的来源，同时也自然承担了快速跨文化传播的职能。迈克·费瑟斯通（M. Featherstone）在《消解文化：全球化、后现代主义与认同》中分析了美国借助消费文化进行美国的国际传播的例子，他认为麦当劳的汉堡不仅以物质的形式被物理地消费，同时也作为一种代表着美国生活方式的符号被文化地消费。它与可口可乐、好莱坞、橄榄球等一样代表着一个美国梦，并和年轻、漂亮、自由、奢侈等话题联系在一起。正是依靠着美国强大的经济实力，才有能力将这些商品与符号在世界范围内输出。消费主义的传播与扩张，取决于国际间的政治、经济等权力因素的角逐。

---

① 赫伯特·马尔库塞. 单向度的人：发达工业社会意识形态研究 [M]. 刘继，译. 上海：上海世纪出版集团, 2019: 4.

另一个与国际传播相关联的概念是费瑟斯通提出的"新型媒介文化人"的概念。媒介文化人因工作需要生产、演绎、传播着符号商品。广告将浪漫、舒适、美、科技进步等理念附着在服饰、电器、房屋等消费品上，使这些商品具有了跨文化的联系与制造全球化幻觉的功能。跨国的大众传播影响着全球统一的消费价值目标的确立、消费方式的选择。促进了"民族想象的形成"，也敞开一个"各种文化的万国博览会"。

"媒介奇观"概念也适用于国际传播研究分析。这个概念的提出者道格拉斯·凯尔纳（D. Kellner）认为媒介消费主义的特征是娱乐信息的泛滥，将新闻事件戏剧化，追求轰动效应。媒介不断刺激着大众的消费欲望，掩盖了人类生活的多样性，造成只讲感性、只求快乐的文化。他把好莱坞影片等称为影视文化奇观；麦当劳、耐克等为消费文化奇观；NBA 和乔丹代表了体育文化奇观；辛普森案代表了法律和种族文化奇观；美国总统政治代表了政治文化奇观。这些文化奇观就是一种媒介商品，在全球传播美国的文化、意识形态。媒体和社会通过奇观效应吸引受众，促进娱乐化消费在全球各地生产和复制。

在本书后几章中还将以"差异化"概念作为理论依据。格奥尔格·齐美尔（G. Simmel）的流行理论指出，流行是以模仿与差异化为特征的阶级现象，当上层阶级的流行被下层阶级模仿后，上层阶级就会放弃原来的流行而开始新的流行，以到达与下层阶级之间差异化的目的。这个被后人称作"水滴理论"（Trickle Down）的流行理论也被鲍德里亚所吸收，他提出了"最小边缘性差异"（P.P.D.M）的概念。

消费中的"差异化"，不可避免地体现在信息吸收和获取的差异化上。炫耀性消费、差异化消费，在信息的消费中也得到了体现。因此跨国传播中来自"他者"的陌生感具备天然优势，为寻找差异化的群体提供了具备差异价值的信息。

当然，并不能认为消费主义对于国际传播只有促进作用。在消费主义向全球发展的过程中，也存在着由于国际大事件受牵制和暂时中断的时期。例如，在两次世界大战中消费主义陷入低谷。而这两段时间，则正是国际传播理论快速发展，实践高度活跃的时期。各国利用新闻媒体对内对外传播，宣传己方的战争目的、意义和战况，影响己方和敌方的军队士气。这一时期的国际传播呈现出典型的"反消费主义"特点，缺乏消费主义色彩的"硬新闻"成为国际传播中的主角。这一时期消费主义、享乐精神在各国被视为是战争中不和谐的声音，依靠消费符号形成的群体认同对于打破国家、民族、意识形态等壁垒的作用很小。

第三节　消费主义与国际传播的相互作用模式

消费主义和国际传播效果之间的相互关联并不是简单的叠加作用，也不是简单的牵制作用。消费社会中的各种符号并非从西方等消费主义国家向别的地方单向输出文化与意识形态，而需要注意到这其中的各个民族国家自有文化与消费主义文化之间的相互作用。全球化同时带来了去中心化，信息流通能力的增强，使得多元化信息、不同风格的作品快速地在不同文化的受众中传播。消费主义曾经挑战了传统等级权威，在全球确立了西方文化品位的统一认知。在碎片化的时代，消费主义仍然具备着建立全球共同知识的功能，但也面临着共同知识更加不易建立的挑战。国际传播的实践过程中产生的传播效果不仅仅与媒介传播的渠道、策略、技术发展有关，也与传播目的地国的消费主义的发展状况形成互动作用。

如果将传播目的地国（接收者）的消费社会状况视作一个生态环境A，而传播者的传播思维意识、媒介渠道、内容、传播行为等视作另一个生态环境B，两者间的互相作用融合将依两者的生态差别而产生不同反应。

传播目的地国的社会文化中原有的文化、商品、宗教等相当于这个生态环境 A 中自生长出来的符号，我们称为国际传播中的原生符号。如果原生符号本身的消费主义属性强，我们用"+"表示，反之用"-"表示。传播者的传播思维意识、媒介渠道、内容、传播行为等相当于生态环境 B 中的符号，按照建构主义理论，在国际传播中，这些符号是用来进行国家形象塑造和传播的工具，通过这些符号建构起"他者"眼中对于国家的认知。因此，我们称生态环境 B 中的符号为国际传播中的建构符号。建构符号的消费主义属性强，我们用"+"表示，反之用"-"表示。就好像磁铁的正负极，通过原生符号和建构符号的正负效应叠加或消减的相互作用，国际传播可进入社会发展和技术发展进程博弈中的速进或暂停阶段，传播效果也呈现出不同的模式，主要可分为以下四种（见表 1-1）。

表 1-1　消费主义与国际传播的作用模式

发出者/传播国 接收者/目的地国		建　构　符　号	
		消费主义属性 +	消费主义属性 -
原生符号	消费主义属性 +	履带式	穹顶式
	消费主义属性 -	海绵式	套娃式

1. 穹顶式：当原生符号具备强消费主义属性，而建构符号为弱消费主义属性时，即在典型的消费主义社会，进行反消费主义传播。正负相抵，传播效果是被消减的。我们称之为"穹顶式"传播，就好像用一个穹顶式的盖子扣在传播目的地的土壤上，消费主义的花朵在穹顶之下兀自盛开，而在反消费主义这个穹顶上再播撒各种传播内容，由于与花朵缺少有效接触，无法渗透，几乎全部被穹顶隔离掉了。中国在改革开放初期，对欧美国家进行的国际传播，具备"穹顶式"特点。

2. 履带式：当原生符号具备强消费主义属性，而建构符号也同样具备强消费主义属性时，即在典型的消费主义社会，进行消费主义式传播，形成了鲍德里亚等学者认为的媒体与消费主义的"共谋"。正正相加，传播效果是速进的。我们称之为"履带式"传播，就像人或物在履带上前进，获得了加速度。二战以后美国依托强大的经济实力，将在好莱坞电影等消费主义符号包装下的美国文化，强力植入到欧洲、日本等资本主义国家的年轻一代心中，加固了西方社会的价值同盟。这一国际传播过程具备典型的"履带式"特点。

3. 海绵式：当原生符号具备弱消费主义属性，而建构符号具备强消费主义属性时，即在反消费主义社会或前消费主义社会进行消费主义式传播。同样是正负相抵，但由于消费主义价值观本身具备强传播力，容易扩散，形成"模仿"，因此呈现出与"穿顶式"的正负相抵不同的效果，形成了消费主义文化逐渐渗透的模式，如同一块海绵，外观看起来毫无改变，周围没有水分溢出，但慢慢会越来越沉重，与水分相融。美国在上世纪末本世纪初对于中国的国际传播，具备"海绵式"特点。

4. 套娃式：当原生符号具备弱消费主义属性，建构符号同样具备弱消费主义属性时，即在反消费主义社会或前消费主义社会进行反消费主义式传播。反消费主义，意味着反对享乐，注重物质本身的意义，意味着符号的失效，也意味着对于传统规则意识的维护。在反消费主义社会进行反消费主义式传播，负负叠加，虽然传播速度快，信息内容扩散容易，但形成了自说自话、千人一面、自我印证的效果，类似俄罗斯套娃一样。由于在现代社会，消费主义价值观已经在全球扩散，类似"套娃式"的国际传播模式已经十分罕见。20世纪中期，苏联和我国之间的国际传播呈现出了"套娃式"特点，都较为一致地反消费主义价值观。这种已被官方认可的反消费主义传播模式，使得媒体报道、文化产品、商品等能且仅能在两国间快速扩散，虽然传播的形式、主题并不丰富，但依然能获得深度的跨文化认同。

（图片说明：原生符号和建构符号的正负效应叠加或消减的相互作用，就像磁铁的正负极。国际传播采取与传播目的地的消费主义属性相匹配的模式，才能获得好的传播效果。）

第四节　消费文化在中国的历史与现状

一、中国历史上的消费文化

在中国历史上，富裕阶层的休闲文化发展从未间断，上层人士对于新奇与消遣的追逐一直是一种风尚。从古诗词中，可以看到大量描述社会安定昌盛的朝代，人们追求精致生活、休闲享乐的词句。中国拥有的是丰富的消费品和自成体系的消费文化。

因此在18世纪，西方消费主义扩散到中国时，是遇到了阻力的。据当时一位英国商人的记录，中国似乎已经有了任何东西，"世界上最好的食物，大米；最好的饮品，茶；以及最好的布料，棉花、蚕丝和皮毛。"许多欧洲的产品，例如"瓷器"，其实是对中国已有产品的模仿，这种优势一直保持到了 19 世纪 30 年代。中国需要从国外进口一些消费品的原材料，如制作茶叶罐的铅、胡椒等都从东南亚进口。对于西方商品并没有兴趣和需求。一直到 19 世纪 60 年代晚期，中国人对西方饮食都没有丝毫好感，认为这种半生不熟的肉和放了胡椒的汤，以及芥末、奶酪、啤酒等无异于古人初级的食物。第二个限制因素是文化。在中国长期占统治地位的思想—儒家思想，反对奢侈浪费，推崇朴素而简单的生活。礼教性消费中的繁文缛节、铺张浪费与生活性消费中的黜奢崇俭形成了对比。中国对于时尚的需求是传统的，制式等级有着严格规定，并不同于同时期西方对于新奇消费品的狂热。例如，仅服饰一项就有诸多管制，就连常用的说法"绫罗绸缎"，其实也并非某一阶层通用，而有着等级分别。在明初只有王公贵族、职官才能享用锦绣、绫罗等面料，庶民之家只能用绸、素纱，而商人只能用绢、布。

与西方消费主义群体基数较大、市民阶层广泛参与不同，中国能够"附庸风雅"的上层社会在人群中仅占少数。豪门、士大夫流行宴会，象牙筷子、玉杯习以为常，平常人家的消费只能勉强维持温饱。正所谓"朱门酒肉臭，路有冻死骨"。尽管在 19 世纪末，西方强力向中国倾销商品，但由于当时中国整体经济发展水平低，贫困人口多，加上对于过度炫耀和社会阶层混乱等文化的担忧，因此阻碍了西方消费主义进一步扩张。

19 世纪中期至 20 世纪初，中国的一些港口城市如香港、上海开始出现了百货公司，一些女性率先接受了西方消费主义文化。1895 年，英国人吟利初到广州时就发现，有些姑娘不缠足了，脚上穿着欧式鞋，头戴英式围巾漫步在街头。港口城市里开始流行外国的香水、墨镜。20 世纪 20 年代，上海女性裙子的长度每年都在变化，法国咖啡馆风靡，广告展示着美式家庭的日用品，美国电影广为流传。同一时期，也存在着民族主义的反向潮流。从 1840 年鸦片战争到 1949 年新中国成立，西方消费主义存在且仅存在于中国的局部地区，中国人在传统消费观念和西方观念的冲击中，进行着自己的日常生活。

1949 年中华人民共和国建立后，社会注重生产而不是消费，反对奢侈浪费，反对资产阶级享乐。1949 年 9 月通过的《共同纲领》中规定："中华人民共和国的一切国家机关，必须厉行廉洁的、朴素的、为人民服务的革命工作作风，严惩贪污，禁止浪费，反对脱离人民群众的官僚主义作风。"① 直至 1978 年之前，由于防止享受性消费腐蚀新政权的思想和当时生产能力的短缺，使国家在每一个层面上都与西方消费主义背道而驰。著名的口号"新三年，旧三年，缝缝补补又三年"就是这一时期消费意识的最佳证明。学者王宁把这一时期这种单纯的生产型社会称为"苦行者社会"②。国家实行低工资制和统购统销制度，日常消费品需要凭票供应，消费活动也格外单调。这一时期社会成员在观念和行动上均是国家机器的一部分，消费观念带有集体性的保守色彩，基本上仅仅以维持生存为目的。1978 年改革开放后，政策的改变带来的是个人消费兴趣的激增。经济水平快速提升，出生率得到限制，第一代商人很快有了可观的收入，这些结果创造了对新式消费品的需求。电视机的拥有量激增，新广告对于西方生活方式魅力的渲染，让新兴城市中产阶层把炫耀性消费和流行性消费当成好生活的标准。当北京第一家麦当劳餐厅开业后，就有顾客对身边人说："巨无霸一点不好吃，但在这种地方吃饭让我感觉良好，我可以想象自己正坐在纽约或巴黎的一家餐馆。"

王宁曾指出："随着国家在意识形态层面上从乌托邦主义转向了经济主义，消费主义与国家的政策目标取得了一致"，"国家在放弃理想主

---

① 中国人民政治协商会议第一届全体会议 . 中国人民政治协商会议共同纲领 [EB/OL].（2011-12-16）[2019-8-17]. https://www.cppcc.gov.cn/2011/12116/ARTI1513309181327976.shtml.

② 王宁 . 从苦行者社会到消费者社会 [M]. 北京 : 社会科学文献出版社 , 2009.

义的同时，并没有提供新的意义来源。于是市场和流行文化乘虚而入，充当了新的意义供给渠道"。[1] 这一时期被称作中国消费社会化条件形成的过渡期。

这一时期，西方现代生活方式和消费观念传到中国，与中国的消费观念形成了冲突。中国的消费观念追求从众，西方追求个性；中国注重"面子"消费，西方追求自我满足；中国趋于保守，西方求新冒险。中西方对于"利"的不同态度，也形成了不同的消费特点：中国以勤俭节约为美德，西方追求享受生活；中国长期以来量入为出，西方则提倡提前消费；中国注重实用，西方注重形式。

由于受中国长期以来形成的各种消费观念的影响，在人们的日常消费活动中，存在着重节俭与重发展、超前消费与现实消费、等级消费与平等消费等观念并存的现象，是当今中国消费文化观念的主要特征。1978 年后的四十余年间，中国的消费文化一直处于在西方消费主义的海绵式渗透下，处于局部跃进，整体仍缓慢的发展形态。

对于传播学研究来讲，需要重视的一个社会变迁就是消费者自主权随着消费文化发展得到了提升，随之而来的是对于市场权威和政治权威的更加反思性的、批判性的回应。社会生活的消费空间日趋人本化、个性化、多元化，促进了社会生活中的个人自由。

二、中国社会当前的消费文化特征

中国消费文化特征的明显变化发生在 21 世纪的前十年，经济的高速发展带来的结果是新的消费文化与长久以来的保守型消费文化撕裂，形成断层。2010 年，中国 GDP 超过日本，成为世界排名第二的国家。2018 年，中国 GDP 相当于美国（20.49 万亿美元）的 66%，是第三名

---

① 王宁. 从节俭主义到消费主义转型的文化逻辑 [J]. 兰州大学学报（社会科学版），2010(3):14-22.

日本（4.97 万亿美元）的 2.7 倍。新的消费文化、消费形态以及其对社会心理、舆论环境的影响已经悄然发生。

自 2010 年开始，互联网创业潮形成了新富阶层，使得高消费能力从中老年精英群体转化到了年轻的精英群体。高消费能力群体的年轻化、中国整体经济实力在全球的跃升、媒体的传播导向、改革开放四十多年对于消费文化的习惯和理解的深入等因素，带来的是消费文化的分层，年轻群体更注重个性化消费，身份型消费文化向个性型消费文化转变。越来越多的研究和实证数据表明，在社会区分和社会认同之外，个人取向的消费比例增加。市场研究也证明了这一点。2011 年罗德公共关系公司发布的中国奢侈品报告聚焦了"80 后"的消费者，发现对于年轻的消费者来说，购买奢侈品的第一原因是出于"自我愉悦"，而类似"身份象征"等因素则退居第二位。[①] 近年来，在研究"90 后""Z 世代"消费者的商业报告中这一趋势更加明显。2021 年青山资本发布的消费研究报告《Z 世代定义与特征》分析了中国新一代年轻人共同经历的北京奥运会，中华人民共和国成立 60 周年、70 周年大庆，新冠肺炎疫情等重大历史事件，以及移动互联网普及、5G 元年等信息技术发展标志事件，将 Z 世代定义为 1998 年至 2014 年出生的年轻人，他们的消费特征是"个人需求和愿望更加突出，消费更多集中在自己"，他们对于物品的消费"不是购买品牌，而是加入品牌"。如果品牌能够让他们产生身份认同，他们就会去购买，"品牌在必要时用自己的资源来替他们表达自己的观点"。[②]

这种消费心理的转变，既作用于实际消费行为，也作用于媒体内容消费，在媒体上形成了大量满足休闲享乐需求的、更具备消费主义特征的信息。更多的受欢迎的信息是能够产生"自我愉悦"的信息，以接受

---

① 朱迪. 品味的辩护：理解当代中国消费者的一条路径 [J]. 广东社会科学，2013(3): 206-212.
② 青山资本. Z 世代定义与特征：青山资本 2021 年中消费报告 [R/OL]. (2021-07-13)[2021-08-02].

者为主，而非传统的官方主导的权威信息。

微博、微信、抖音、小红书等社交软件带来的是生活方式、消费观念的快速传导和审美的趋同。中国经济发展并不均衡，一线城市和三四线城市、乡村之间的经济差距巨大。过去，一种潮流、一种消费方式在全国传播流行开来，往往需要较长时间。而今凭借社交媒体的传播力，一种消费产品、一个娱乐节目可以快速地传遍全国，各种网络红人、网红产品占据了媒体的主要位置，成为人们日常生活中争相模仿和希望拥有的东西。社交媒体给了大众话语权的同时，也在加速冲击着文化当中的传统和保守意识，节制的、适度的消费观快速被新一代的"晒文化"、颜值文化、炫耀性消费所取代。

与此同时，中国的消费文化还带有自己的特点。由于国家整体经济实力的提高，中国的新一代受众在面对西方消费主义文化时的反应与上一代有明显不同。他们接受了西方消费文化的外壳，却换上了"文化自信"的内核，对于"国潮""中国风"等具备明显中国传统风格的各类商品的消费偏好，形成了具备本土特色的消费文化。这种消费文化和商品、内容的生产相互作用，既反映在媒体内容的生产和消费上，也反映在物质产品的生产和消费上，制造出大量可用于跨文化传播的素材和产品。在碎片化、去中心化的传播环境中，这种带有中国式消费文化色彩的素材渐渐占据中国国际传播中的重要地位。许多例子显示，中国式的消费文化伴随着在世界范围内扩散的中国商品，开始形成了官方传播之外的不可忽视的力量。

中国的网络小说就是一个典型的例子。根据中国音像与数字协会发布的《2018 中国网络文学发展报告》，截至 2018 年 12 月，中国面向海外输出的网络文学作品数量达 11 168 部。[①] 从出海规模来看，2019 年，

---

① 中国音像与数字出版协会.2018 中国网络文学发展报告 [EB/OL]. (2019-08-16)[2020-11-28]. https://ishare.ifeng.com/c/s/7pAbONRn62N.

中国网络文学的海外市场规模达到 4.6 亿元，海外中国网络文学用户数量达到 3 193.5 万。[①]

2021 年 10 月中国作家协会在浙江乌镇发布《中国网络文学国际传播发展报告》，该报告指出，中国网络文学共向海外传播作品 10 000 余部。其中，实体书授权超 4 000 部，上线翻译作品 3 000 余部；网站订阅和阅读 App 用户 1 亿多，覆盖世界大部分国家和地区，国际传播成效显著。[②]

译制网文网站（Wuxiaworld）、起点国际（Webnovel）等收获了大量喜欢流行文学的国外受众。据艾瑞咨询报告统计，起点国际目前累计访问用户已超 7 300 万。各类报告显示，中国网文得到越来越多的全球读者的欢迎与认可。在出海作品类型上，全面囊括玄幻、奇幻、都市等多元题材，诸多国内 IP 也成功出海，而在此前，国外受众最熟悉的中国小说人物是孙悟空，原因是他们看了日本漫画《龙珠》。以起点国际为例，点击量超千万的作品近百部。国外受众通过在社区里评论、追更、了解作品文化，在线社区每天产生近 5 万条评论，评论区常常聚集大量的情节人物讨论，和对作品剧情走向的猜测。另外，通过平台上的词汇百科，读者还可以了解八卦、太极等网络文学中常见的东方文化元素，了解当代中国的各种网络文化。

2021 中国网络文学发展研究报告认为，起点国际的模式输出经验表明，中国网文的全方位"生态出海"已经形成网络文学发展的必然趋势。随着网文读写群体的快速崛起，中国网文逐渐成长为比肩美国大片、日本动漫、韩国偶像剧的"文化现象"。[③]

以李子柒为代表的短视频博主们，也是中国式消费文化在海外扩散

---

① 艾瑞咨询 .2020 年中国网络文学出海研究报告 [R/OL], (2020-08-31)[2021-11-18]. https://report.iresearch.cn/report/202008/3644.shtml.

② 中国社会科学院 . 2021 中国网络文学发展报告 [R/OL],（2022-04-08）[2022-05-02] . https://baijiahao.baidu.com/s?id=1729528791367147506&wfr=spider&for=pc.

③ 中国社会科学院 . 2021 中国网络文学发展报告 [R/OL].（2022-04-08）[2022-05-02] ,https://baijiahao.baidu.com/s?id=1729528791367147506&wfr=spider&for=pc.

的成功案例。在深山田间，进行天然美食的制作、手工家具器皿的打造，吸引了大批海外受众的关注。这些都表明当前中国的消费文化背景下产生的文化产品，较好地融合了传统文化与现代生活，在与世界其他地区的消费文化进行对接和融合时，遇到的阻力较小。因此，中国当前的消费文化的一个特征是融合的，而不是相对孤立的。另一个特征是消费满足分层，实际消费能力分化严重，物质性消费、炫耀性消费与差异化消费并存，整体上倾向于追求身份区分和追求个性化的满足。

相对于民间消费文化的渐进式变化，官方对于以消费文化带动国际传播的态度更加清晰。2019 年商务部等 14 部门联合印发了《关于培育建设国际消费中心城市的指导意见》。提出建设"面向世界的具有全球影响力、吸引力的综合性国际消费中心城市"，在北京市、天津市、上海市、重庆市和广州市率先开展国际消费中心城市培育建设。2021 年 9 月，北京市发布《北京培育建设国际消费中心城市实施方案 (2021—2025 年)》，方案从国际视角看待北京消费文化吸引力，明确将着力发展城市文化 IP、城市礼物、主题公园、国际品牌赛事活动等城市名片，率先建成具有全球影响力、竞争力和美誉度的国际消费中心城市。

本章小结

本章梳理了与消费文化相关的关键概念：消费、消费社会、消费文化、符号。梳理了西方经典的消费社会学观点，分析其作为理论框架应用于国际传播的关联度和合理性，同时也通过对中国的消费文化分析，证明消费文化与国际传播的实践结合已走在理论研究前面。消费文化理论与中国国际传播的结合具备理论发展的条件和意义：一是为消费文化理论提供更广阔的应用领域，二是为建构基于中国实证研究上的国际传播新模式打下基础。在下一章节中，我们还将用数据分析的方式，对中国和其他国家的消费文化类型进行具体分析。

第二章

消费满足的社会类型与影响因素

本章根据研究假设，讨论消费文化中的满足分类及其对于国际传播的作用。通过对于消费文化理论和社会学需求相关理论的阐述，本章论述消费文化全球扩散后，由于各地发展不平衡，对于消费文化的需求和适应力的不同，在全球形成了不同类型的消费需求满足的人群。由于商品和信息都成为日常消费品，因此消费需求满足可作为国际传播中受众研究的分析框架。本章将从经济因素、政治因素、媒介因素三方面研究中国国际传播的目的地国分别处于何种消费满足阶段。

第一节　消费满足类型化的理论依据与适用性

一、消费满足类型化的理论依据

在社会学和经济学中，对于人的需求满足均有很多研究成果。马克思主义中的消费需求理论认为，人类的消费需要可划分不同类型，且呈现出层次性。卡尔·马克思（K. Marx）论述了人类社会发展中的三大基本社会形态，包括最初的人的依赖关系的社会形态，第二阶段的以物的依赖性为基础的人的独立性社会形态,以及建立在普遍的社会物质交换、个人全面发展和共同的社会能力基础上的自由个性阶段。弗里德里希·恩格斯(F. Engels)延续了马克思的观点,提出了人的需要可划分为三种类型,即生存性满足的需要、享受性满足的需要和发展性满足的需要。与此相适应的社会生产是生活必需品的生产、奢侈品的生产和德智体美等教育资料的生产。①

在当前最广泛被引用的理论是亚伯拉罕·马斯洛(A. Maslow)提出的需求层次理论(Maslow's Hierarchy of Needs)。即人的需求从低到高依次分为生理需求、安全需求、社交需求、尊重需求、自我实现需求。他认为,当人的某一级需求得到最低限度满足后,才会追求高一级的需要,如此逐级上升,成为推动继续努力的内在动力。②

马斯洛等心理学家和行为学家也用这个理论解释了国家的层次结构。认为一个国家多数人的需要层次结构同这个国家的经济、科技、文化和人民受教育程度相关。在不发达国家,生理需要和安全需要占主导的人数比例较大,而高级需要占主导的人数比例较小。在发达国家则正好相反。

马斯洛的需求层次理论反映了人类行为和心理活动的规律性,尤其在互联网发达的今天,是被广泛采用的用于研究大众心理的理论依据。但是,该理论带有一定的机械主义色彩,过分强调了需求的层次性,将其看成一种固定的上升运动。

在消费文化研究中也有消费满足相关的论述,主要有凡勃伦的"炫耀性消费"、里斯曼、鲍德里亚等人的"差异化"消费,以及皮埃尔·布迪厄(P. Bourdieu)的"区分"消费等。这些概念都阐释了一个主要观点,即人们通过消费商品被媒体等所赋予的符号象征意义,已达到差异化的

---

① 参见马克思恩格斯全集:第 46 卷 [M]. 北京:人民出版社,1979.

② 马斯洛. 动机与人格 [M]. 许金声,等译. 北京:华夏出版社,1987.

目的。里斯曼提出了"标准组件"（Standard Package）概念来描述 20 世纪大部分美国消费者共同追求的消费生活目标。并提出随着"标准组件"的普及，奢侈品成了必需品，使得大众只得放弃"炫耀性消费"，转而寻求新的差异，即"边缘性差异"。人们开始让自己的品位和周围人保持相对一致，但通过消费品的细微差异来实现和建构自己的个性。他举了美国二战后的例子，表明经济高速增长后，美国的社会性格从此前的"内部引导型"，转向"他人引导型"。[①] 这些研究表明了消费满足中的"差异化的进化"。

根据"差异化的进化"观点，差异化从炫耀性消费向符号消费是一个进化过程，主要原因在于生产者 / 传播者不断借助大众传媒给商品赋予的符号意义，比对于物质的炫耀消费，更有差异化效用。研究者还发现，由于符号消费需要通过遵循流行时尚的"追赶和逃跑"（Chase and Flight）理论而不断更新，在符号消费阶段，"差异化的进化"变得更加频繁和加速。这一过程是由生产者 / 传播者、媒体、消费者 / 大众共同完成的。

那么是否现代消费就像西方研究者所说的那样，逃脱不了符号消费呢？超越了符号之后的消费满足，又有哪些特征？马斯洛提出的自我实现这一层次的需求，是否能够通过消费行为满足呢？关于这些问题，日本的现代研究者给出了一些回应。日本学者山崎正和研究了二战后日本消费社会化的历史，提出了"柔质个人主义"概念，即具有审美趣味并能开放式自我表现的个人主义。这些个体的特征是更加成熟的心智，享受生活、发现自我、充实人生和获取生活的意义。[②] 三浦展在《第四消费时代》里，也提出了第一消费社会的特征是大城市倾向，第二消费社会的特征是大量消费、大的就是好的、美式倾向。第三消费社会的特征

---

① 吴金海 . 消费的时间隧道：消费社会理论重构与中国社会消费理解 [M]. 北京：中国社会出版社，2019.

② 山崎正和 . 軟らかい個人主義の誕生：消費社会の美学 [M]. 東京：中央公論新社，1987.

是个性化、多样化、差异化、品牌倾向、欧式倾向。第四消费社会的特征是无品牌倾向、朴素倾向、休闲倾向、本土倾向。并提到了第四消费社会中对于物质浪费、消费伦理的反思。[①]

综上所述，研究者关于消费满足的观点繁多，但共识包括：消费需求是分层级的，总体上需求满足是递进的，随着周围人对于商品消费的同化，差异化的心理需求使得对于物质的炫耀性消费会慢慢进化为更加个人化的消费。进入个人化消费阶段，大部分人会进入到在"趋同"和"个性"趋势下的不断模仿与抛弃的循环过程。少部分人会进化为能够"自我实现"需求的超越符号的消费。

公众的差异化消费倾向不仅适用于商品、实物消费，也适用于信息的消费，会自然而然地表现在对于信息内容、信息渠道的获取和使用上。

二、消费满足的四种类型假设

在消费文化研究中，人类社会的消费文化可分为前消费主义时期，即现代消费主义在 18 世纪的西欧出现之前；现代消费主义时期，即西方式的消费主义在全球加速发展的时期；以及当代消费主义时期，即区域式消费模式与西方模式混合发展的时期。[②] 虽然我们可以认为当前消费主义文化已经在全球扩散，但各个区域的混合消费模式之间仍有很大差距，有些区域的主流人群[③] 呈现出前消费主义特征，即以物质满足为关注点；有些区域的主流人群则具备典型的消费主义特征，以符号（包括身份符号和个性符号）满足为关注点；而有些区域的主流人群则对新的全球经济产生了一系列焦虑和反抗，形成了超越消费主义或现代反消费主义的特征。这类人群特点是对控制消费、寻找替代消费目标的生存

---

① 三浦展.第四消费时代 [M].马奈，译.上海：东方出版社，2014.
② 彼得·斯特恩斯.世界历史上的消费主义 [M].邓超，译.北京：商务印书馆，2015.
③ 指在社会结构当中人数多，政治影响力大，且掌握着该区域的媒体话语权的人群。

意义、保护环境等价值观极为认同，可称为价值观满足人群。

按照各个区域主流人群呈现出的消费满足类型，我们可以提出假设，中国在进行国际传播时涉及消费满足的四种社会类型：物质满足型社会、身份满足型社会、个性满足型社会，以及价值观满足型社会（见表 2-1）。

表 2-1　消费满足的社会类型假设

消费满足的社会类型假设		
前消费主义	典型消费主义	超越消费主义
物质满足型	符号满足型 ｛ 身份符号 / 个性符号	价值观满足型

现代消费主义经历了近 300 年的发展，现今世界上的大部分地区都并非只存在单一满足人群，而是同时存在多种消费满足人群。但主流人群呈现出的消费满足类型，很大程度上代表了该地区对外整体呈现的消费文化类型。按照"沉默的螺旋"理论和心理学中的"从众效应"，在接收国际传播信息的时候，当地主流人群的消费满足类型产生的作用力最为显性。我们承认区域人群的多样性，但从研究可行性、普适性等角度出发，以主流人群的显性反馈为依据来划分四种消费满足社会类型。

三、消费满足用于受众分析的适用性

如果要将消费满足的框架用作国际传播中的受众研究分析，还需要理解消费满足与受众对于信息的需求与满足的关联。上文已分析过消费文化与媒介的理论关联。在消费文化研究中，媒介的消费主义倾向是重要的研究对象，消费文化通过广告、营销等扩散，消费主义与大众媒介形成"共谋"。传播学经典理论"使用与满足"理论认为，受众使用媒介是为了满足某种个人需求。伊莱休·卡茨（E. Katz）在其著作《个人对大众传播的使用》中首先提出该理论，他将媒介接触行为概括为一个

"社会因素＋心理因素——媒介期待——媒介接触——需求满足"的过程。① 实际上，我们可以说这个过程中的每一个环节，都不可避免地受到消费文化的影响。在全球的消费社会化进程中，消费主义成为全球大部分地区的主流价值观。消费文化会对卡茨所述的媒介接触行为的源起步骤"社会因素和心理因素"产生影响；消费社会环境会对其中的第二步骤"媒介期待"产生影响；媒介的消费主义化会对其中的第三步骤"媒介接触"产生影响；这些影响最终反映到受众需求满足的行为中。

国内学者喻国明也曾将信息纳入消费领域，分析信息消费对于传播的影响。他认为，"一切生产现实价值的传播产品必须与人们既有的信息消费经验、信息消费偏好的信息消费模式相切合。如果不切合，传播者就会沦为'沙漠中的布道者'——再好的教义、再多的资金，也不会产生任何实际的效果②"。本研究则进一步认为，在媒介环境已经从传统媒体生产信息变革为大众都有麦克风、大众成为信息生产者的今天，人们每天获取海量信息，人们的行为方式一方面受到信息的影响，因信息而改变消费等行为，另一方面以消费行为（而非生产）为主要内容的社会生活，又反作用于个人每天无意识的信息传播和有意识的信息生产中。因此，大众的消费偏好与信息消费偏好并不是互相孤立的，而是相互印证，相互影响的。

处于"物质满足"阶段的受众，对于信息的需求与消费满足需求相适应，追求能够满足基本生存需求的"标准组件"信息，"差异化"需求不高。处于"身份满足"阶段的受众，更倾向于获得和接受可用于"炫耀"的信息，也会使用此类信息来进行佐证个人、所属群体的地位。现代社会中的媒体同质化、信息模仿和传播的速度越来越快，消费者／公

① 郑兴刚，徐峰．使用与满足理论视阈下的马克思主义大众化路径探析 [J]．理论月刊，2011(10): 16-18.

② 喻国明．构建国际传播的基本理念 [J]．新闻与写作，2013(10): 89-90.

众在获得信息后，满足了基本的"趋同"即基本知情后，会进入到个性化满足的需求阶段。处于"个性满足"阶段的受众，在信息消费上也具备了消费文化中的"边缘性差异"、时尚"追赶和逃跑"的特征，倾向于获取"个性化"、具备"审美"价值的信息。而少数的"价值观满足"受众，比其他受众受到符号的约束要少，对信息有更强的辨识力和自主使用能力，倾向于获取能够产生个人价值的内在共鸣的信息。

四、公共危机中消费满足的退化与信息满足的极化现象

在一些严重的突发灾难、公共危机事件、战争等极端情况发生时，原本处于其他三个满足阶段的人群出现"消费退化"现象，即暂时性处于"物质满足"阶段。此时，人们对于信息的获取也呈现出"退化"，表现为媒介素养的暂时性衰退，思维方式更加简单和极端。这时会出现法国社会心理学家古斯塔夫·勒庞提出的"乌合之众"现象：即"那些被我们视为个人特性的因素，彻底——虽然是暂时的——消失了"，转而追求"群体行为特有的属性"。① 例如在大型突发灾难期间，人们不再关心彰显身份的信息和个性化的文化、商业、娱乐新闻，而关心的是能够与周围人的信息保持准确性和一致性，更加关注来自官方的权威消息。

一个较新的例子是 2019 末至 2020 年初暴发的新冠肺炎疫情。这期间，从中央到地方政府都采取了严厉的防控和隔离措施。全国人民在家自我隔离，大部分商业停滞，无人外出，社交大幅减少，人们的生活模式可以说暂时退回到了"物质满足"阶段。这一时期人们的信息消费也明显呈现出与物质消费相对应的特点。人们对于媒介的使用，从用来关注多样化的可用于身份和个性区分的信息变为集中关注各种疫情信息。尽管信息来源不同、渠道不同、报道角度不同，信息生产者既有官方媒体，也有民间传播者，

---

① 古斯塔夫·勒庞.乌合之众：大众心理研究 [M].冯克利，译.北京：中央编译出版社，2005.

但总体呈现出了主题趋同的特点。而其他主题的信息，则显得不合时宜，不被关注，甚至会引发受众的抵触和反感心理。人们的信息消费与物质消费一起，出现了退化或称为消费的降级。

在信息物质满足阶段，信息缺失带来的不安全感增强，表现出来的是对于权威信息的饥渴状态。人们需要的是来自于官方的、间接有力的关键信息和权威发布。这样解释了在新冠肺炎疫情初期，地方政府新闻发布不充分所导致的一系列民众质疑和误解。信息物质不充足导致的饥渴感，被"小道消息"和谣言所填充，导致了新冠肺炎疫情初期医学意义上的疫情与"信息疫情"（Infodemic）并存的现象。

与信息消费降级相对的，危机中的信息消费还存在假性升级现象，即公共危机期间的人群会表现出对于价值观的看重和对价值观信息的暂时性渴求。但是由于媒介素养的暂时性衰退，也更容易被含有价值观导向的不实传言所影响。例如，在新冠肺炎疫情期间，很多人都被日本向中国捐赠口罩，并附上"山川异域，风月同天""青山一道同云雨"等中国古诗词的信息所感动，并自发传播，甚至引发了中国人整体的文化素养不如日本人的论断。后来新闻媒体对此事进行了澄清，口罩纸箱上的诗句为留学生等在日的中国人所写。这种现象体现了信息满足的极化：对于信息的判断力和基本需求与"物质满足"阶段相符，对于信息内容表现出"价值观满足"状态，呈现出明显的两极化，缺少中间的过渡，也缺少正常时期信息满足的多样性。具体表现为人们对消息的使用更加极端，更容易对信息产生价值观认同或批判。

在下一节对每一类消费满足社会的特征阐述中，我们将进一步论述不同受众在接触媒介信息时的特点。鉴于消费满足和信息满足存在以上对应关系，将消费满足进行分类，可作为针对传播受众的基础调研方法和分析框架，提升在国际传播中的传播效果。

（图片说明：在危机中会出现信息消费满足的退化现象，处于各消费满足阶段的人们暂时退回到"物质满足"阶段。信息缺失带来的不安全感增强，表现出来的是对于权威信息的饥渴状态，谣言往往乘虚而入。）

第二节　消费满足四种类型的典型特征

一、物质满足型社会

鲍德里亚在《消费社会》一书中提出，典型的消费社会特征即生产主导转向消费主导，消费的符号价值要大于使用价值。在他看来，消费社会是"人们从来不消费物的本身（使用价值）——人们总是把物（从广义的角度）用来当作能够突出你的符号，或让你加入视为理想的团体，或参考一个地位更高的团体来摆脱本团体[1]"。由此，我们可知，物质满

---

[1]　让·鲍德里亚.消费社会[M].刘成富，等译.南京：南京大学出版社，2014:48.

足型社会具备的第一个特点是：经济发展模式以生产为主导，消费潜力受经济水平限制。物品的使用价值大于符号价值，表现在日常消费中即商品的品牌溢价不高。

分析消费文化的发展历史可以发现，在前消费主义时期，宗教、民族文化在社会中占有重要地位，以至于常常激起传统人士对于消费主义的强烈抗议。抵制外资企业的建厂、抵制消费品活动是一种普遍的反抗方式。

媒体方面，物质满足型社会的媒体多为政府管控下的媒体，商业媒体较少，舆论声音较为一致。因此，也侧面上延缓了消费主义文化在区域的蔓延。

物质满足型社会中的人群多是受社会整体经济发展水平所限，呈现出暂时的物质满足状态，但在媒体的传播引导下，大多处于该型社会的人群具备较强的向上一层级发展的欲望。他们渴望通过消费具备符号价值的商品，来证明自己过上了更为现代化的生活。

在全球化时代，在物质满足型社会也存在通过现代外资企业、网络媒体渗透的身份满足渴望，这和当地持续不断的"反现代性"的反抗运动对冲，产生了一系列隐匿的跨文化传播困境。

二、身份满足型社会

具备典型消费主义文化特点的符号满足型社会可分为身份满足和个性满足两个类型。身份满足型社会的典型特征是：经济水平超越了单纯消费物品使用价值的阶段，具备一定的消费实力。

在身份满足型社会中，往往存在强烈的种族、血统意识或严格的等级制度划分，因此个体的个性化展示受到一定限制。教育、文化产品较为传统，文化发展有较强的政府或当地权威阶层主导的色彩，社会遵照一种较为平稳、传统的价值观运行，限制多元价值观的存在。

媒体报道呈现两面性：对于政治新闻报道角度较为单一，受政府影响较大；对于商业、日常消费、娱乐新闻等报道非常活跃。由于商品消费的活跃，使得广告、营销类信息也非常活跃，具有吸引力，鼓励通过商品消费强调个人身份。

基于此，身份满足型社会中的主流人群受消费主义文化影响大，对于主流媒体的信任度较高，相信"权威性"，倾向于相信广告的力量。但是他们对于自身传统文化和价值体系的忠诚，使得他们对外来文化的接受度较低，对进口产品的标准有轻视的态度。甚至在消费主义的强烈诱惑中，尚未形成接受其他地区的文化产品的迫切需求。但是，从发展趋势上，身份满足是符号满足中的初级阶段，人们在身份满足基本达成后，会形成个性满足需求。然而，在宗教、传统文化强势的区域，在满足个性化需求上，日常商品所能提供的选择有限。消费主义的本质是消费物品的符号价值。当物品的身份符号价值不断被开发，并在身份满足上触达天花板后，文化符号则成为人群个性化区隔的必然选择。在对身份满足型社会的传播中，异域文化符号与传统文化符号的融合既是难点，也是传播中的突破点。

三、个性满足型社会

个性满足型社会可被认为是符号满足型社会的第二阶段，也是现代消费主义文化在全球最普遍的表现形式。人们通过对于极大丰富的商品的自由消费，寻找相同的爱好、个性、文化群体，形成与大部分人的文化区隔，以及与小部分特定群体的文化认同。在消费主义文化研究中，学者认为，这是另一种不自由，即人群的消费是被少数人操纵了，创造出了不同的符号，并引导人们消费这些符号。

在个性满足型社会中，体现出明显的西方中产阶级的消费文化色彩。人们认为自己已经经历过身份满足阶段，对带有身份特点的符号带有一种鄙夷态度。特别是对于文化产品的消费，小众、带有更明显艺术色彩的文化产品不一定销售得更好，但往往在舆论上更容易受到追捧。

媒体、广告上的信息表达呈现多元化，但由于个性满足型社会重度依赖媒体传播，容易形成较为一致的潮流风尚。社会文化体现出了宏观趋同、微观多元的特点。

在发展趋势上，个性满足型社会中的人群需要从消费文化中获得快感，因此往往对于日常生活中的消费品有更多的关注。同时，他们有较强的个性化区隔需求，对于具备新奇性的异域文化接受程度较高，如果能够找到对他们产生吸引的具备较强消费主义属性的符号，则可实现高效力的跨文化传播。由于该人群受媒体的影响较大，媒体中对于异域文化的信息传播会影响到他们对该文化的好感度。因此，对个性满足型社会进行跨文化传播往往会受到异域文化魅力的吸引力与媒体报道的刻板印象两方面的影响，陷入这两个相反作用力的角力和拉扯之中。而且，我们在对个性满足型社会进行传播时，常常会沿用宏大叙事、英雄主义、硬实力至上等适用于"身份满足"群体的传播手法，产生大量"满足错位"的现象，使传播效果大打折扣。

四、价值观满足型社会

价值观满足型人群从人数上在全球消费文化中还远未占主流，但由于其往往和政治诉求结合，在一些区域体现出了显性化趋势，甚至通过掌握政治、经济、媒体资源的精英人群的高频持续表达，成为一些区域的主流文化特征。

消费主义对环境的负面影响是明显的，人们对环境更加关注，提倡寻找消费之外的生存意义，以自我约束替代放纵等价值观层面的反思越来越成为消费主义发展了近300年后的一种具备影响力的观点。当反思成为政治选举、媒介所持续宣扬的一种进步观点时，价值观反思议题也呈现扩大化趋势，从对于过度消费造成的环境问题扩展到跨国经营、合法用工、文化冲突、种族、性取向等泛化的伦理道德议题。

价值观满足型社会的公众是对消费文化的坚定批判者。他们受教育文化程度较高，对媒体消费主义有着深刻认知，因此对媒体信任度低，他们大多拥护民族文化，对于外国商品敏感且总体持负面态度，甚至会因为价值观的冲突而抵制某类生活必需品，因此他们认为自己已经超越了消费主义的桎梏。他们一方面关注企业社会责任传播，一方面却对官方信息持怀疑态度。由于自认为已经从"消费符号"的捆绑中脱离出来，他们对于"身份符号"的抵触要比个性满足型社会更为强烈和坚决。尤其在面对外国富人时，更充满敌意，认为他们是依靠资源掠夺来实现个人消费目的。

价值观满足型人群主要存在于各地精英阶层中，但也在部分国家和区域成为主流意见，形成了价值观满足型社会。针对该类型社会的跨文化传播，难度大，媒体传播的作用有限。且往往由于传播方明知价值观满足型社会的舆论显性类型与实际产生消费价值的人群并不相符，陷入了如要顾及更为广大人群的消费利益，则在伦理道德上陷入并非无懈可击的两难困境。

第三节　消费满足分类的影响因素

四种消费满足类人群在很多国家、地区中同时共存，但一般会有一种满足型态占据主导地位。该消费文化形态，可以作为中国面向这一国家或地区的受众制订国际传播策略的依据。

四种消费满足社会类型的假设是基于对于消费文化相关理论的解读与延伸，形成了经验假设。如果将假设进一步分解，可以发现影响一个国家或地区的消费文化的因素有很多，包括隐性因素和显性因素两种。隐性因素为历史文化类因素和一些特殊事件，较难通过直观的量化数据完成归类，因此需要在传播实践中深度研究当地各方面实际情况，再进行判定。

显性因素大体可分为经济因素、政治因素、媒介因素三种类型。其中经济因素中与消费满足形成相关度较高的包括人均 GDP 发展水平、贫富差距。政治因素中与消费满足形成相关度较高的包括权力距离、宗教影响力。媒介因素中与消费满足形成相关度较高的包括媒介基础设施，即传统媒体与社交媒体的发展情况与自由度、反消费议题。当然消费满足的群体特征是复杂的，还有其他因素也可以影响一个国家／地区的消费满足类型，为了便于研究统计和后续在实践中应用，本书选取了相关度较高的八个影响因素建立模型。

一、经济因素

（一）人均 GDP 发展水平

人均国内生产总值（Real GDP per capita）是了解和把握一个国家或地区的宏观经济运行状况的有效工具，即"人均 GDP"，是发展经济学中衡量国家和地区经济发展状况的指标，是最重要的宏观经济指标之一。

人均 GDP 发展水平是影响消费满足类型的基础条件。发达国家因其他影响因素的不同，可呈现出个性满足和价值观满足的不同需求，新经济体因其他影响因素的不同，呈现出身份满足和个性满足的不同需求，而贫困国家由于经济基础差，即便在其他影响因素方面具备了其他满足类型的部分条件，也难以超越物质满足阶段。

（二）贫富差距

基尼系数（Gini Index）是通用的衡量国家和地区的贫富差距的指

标，基尼系数在 0–1 之间，在 0.2 以下被认为高度平等社会，在 0.2 到 0.4 之间被认为是低度不平等社会，在 0.4 以上被认为是高度不平等社会。

财富基尼系数（Gini Index of Wealth）是基于居民拥有的财富统计的经济指标，大部分国家处于 0.6–0.8 之间，经济学研究普遍认为，对于地理幅员辽阔的大国而言，财富基尼系数通常高于小国。因此，对于大国而言，低于 0.7 被认为是平等性高的国家，高于 0.8 被认为是平等性低的国家。

在本书中对于国家地区的贫富差距的判断，综合参考了世界银行（World Bank）的基尼系数数据[1]、中国社科院世经政所国际投资室发布的《2018 中国海外投资国家风险评级》[2] 和瑞士信贷研究所 (Credit Suisse Research Institute) 发布的《全球财富报告》（World Wealth Report 2019）数据。[3]

贫富差距较大的国家，社会阶层区分的需求较强，而贫富差距较小的国家，个性符号和价值观区分的需求较强。

二、政治因素

（一）权力距离

荷兰学者霍夫斯泰德（Geert Hofstede）在国家文化理论提出了四个国家文化的评估维度。包括权力距离（Power Distance）、不确定性避免（Uncertainty Avoidance）、个人主义 – 集体主义（Individualism-Collectivism）、男性化 – 女性化（Masculinity-Femininity）。其中，与形成消费满足直接相关的是权力距离的概念，其他三个维度虽也对消费存在

---

[1] The World Bank. Gini Index [DB/OL]. (2019-07-05)[2019-11-28]. https://data.worldbank.org/indicator/SI.POV.GINI.

[2] 张明，等. 中国海外投资国家风险评级报告 2018[R]. 北京：中国社会科学出版社，2018.

[3] Credit Suisse Research Institute. World Wealth Report 2019 [R/OL]. (2019-10-22)[2019-11-28]. https://worldwealthreport.com/resources/world-wealth-report-2019.

影响，但对于形成消费文化的影响力较小，因此不作为本研究中研究消费文化满足的因素。

权力距离定义为"在一个国家的社会群体或组织机构内拥有较少权力的社会成员对权力分配不均的可接受程度"，"权力分配不均存在于任何文化当中，但其容忍程度却因文化的差异而有所差别"。[①] 权力距离指数 PDI（Power Distance Index）可以反映社会中的弱势成员和强势成员的价值观。权力距离指数高的国家，也称为高权力距离国家，包括印度、阿拉伯国家等；权力距离指数低的国家，也称为低权力距离国家，包括澳大利亚、以色列等。本书所列举国家的权力距离指数来源为 Hofstede 的 Culture's consequences: comparing values, behaviors, institutions, and organizations cross nations。[②]

高权力距离国家的特点有：等级制度严、社会权力不遵从合法性、文化中强调压迫、底层人群应受指责。

低权力距离国家的特点有：等级制度弱、社会权力需遵从合法性、强调奖励和专业人士的权威、体制应受指责。

高权力距离的国家，社会阶层区分的需求较强，因此高、中、低层人群均有达成身份满足的动机。而低权力距离的国家，身份区分需求较少，个性符号和价值观区分的需求较强。

（二）宗教影响力

宗教信仰作为一种价值观，是涉及人的行为方式和目标的持久信念。在全球化时代，宗教对于现代生活的影响力总体上越来越小，虽然宗教的统治影响力弱化，但在一些国家和地区，其在价值观、伦理道德上的

---

① GEERT H. Dimension Data Matrix[EB/OL].(2015-12-08))[2019-11-28].https://data.worldbank. org/indicator/SI.POV.GINI.

② Geert Hofstede. Culture's Consequences: Comparing Values, Behaviors, Institutions, and Organizations across Nations[M]. 2nd edition. USA: Sage Publications, 2001.

影响力仍然很强。

宗教信仰对于消费文化的影响包括：对于民族品牌的忠诚、对于消费主义的排斥、对于消费伦理的坚持等。

根据信仰宗教人数占本地区人口数大致比例，可以判断宗教在当地的影响力。目前较为科学描述这一比例的是盖洛普国际调查联盟（Gallup International）的"全球宗教信仰和无神论指数"，为该机构 2012 年抽样调查获得的数据。[①] 本书中主要数据取自盖洛普调查。有个别国家在盖洛普报告中没有数据，因此我们补充选用了美国皮尤研究中心（Pew Research Center）[②] 的"世界主要宗教群体规模和分布报告"。[③]

一些高权力距离且信教人口比例大的国家，由于等级观念和宗教文化影响，传统意识与现代消费主义存在强烈的相互博弈，呈现出冲突奇异的特征，例如以阿联酋为代表的阿拉伯国家。虽然经济因素具备了个性满足和价值观满足的条件，但消费文化仍处于身份满足阶段。

三、媒介因素

（一）媒介基础设施

媒介基础设施指的是一个地区的媒介发展程度，媒介基础设施往往决定了一个地区公众的媒介素养。媒介基础设施发展程度由两部分体现：传统媒体报道的自由度、多元化，以及网络社交媒体的使用状况。消费主义与大众传媒的关系是"共谋"。当政党对于传统媒体的影响较

---

① Gallup International. Global Index of Religiosity and Atheism–2012[R/OL]. (2018-11-14)[2019-11-28]. https://max.book118.com/html/2018/1114/6203043033001231.shtm.

② 皮尤中心是美国的一间独立性民调机构，总部设于华盛顿特区。该中心对那些影响美国乃至世界的问题、态度与潮流提供信息资料。2012 年 12 月，皮尔研究中心公布了对全球"8 个主要宗教群体"2010 年人口规模和地理分布的研究报告。但该研究被学界认为把儿童也纳入信教人口之中，因此数字有高估之嫌。

③ 美国皮尤研究中心 . 2010 年世界主要宗教群体规模和分布报告 [J]. 谢荣谦，雷春芳，编译 . 世界宗教文化，2013(4): 32-47.

强，媒体自由度小，媒体的议题和意见同质性强的时候，当地公众的媒介素养水平较低，较容易跟随媒体的议程设置。当地的网络社交媒体发展程度高，活跃度高，则可以一定程度上与主流媒体议题形成对冲和制衡，民间发声渠道可以提高公众的媒介素养。

媒体自由度主要指主流媒体报道的自由度、同质化程度，但不包括政府对网络社交媒体的管控。

在主流媒体自由度高，同质性弱，网络社交媒体活跃度高的情况下，可认为当地媒介基础设施水平高，公众媒介素养高。媒介麦克风掌握在全民手中，利于形成各个社会阶层的多元化观点，因此"区隔"作用于全社会阶层，对消费主义议题中的个性符号区分的传播有正向作用。

在主流媒体自由度高，同质性弱，网络社交媒体活跃度低的情况下，可认为当地媒介基础设施中等，公众媒介素养中等。精英阶层掌握媒介麦克风，精英层的不同观点虽然可以得到传播，但不利于形成跨阶层的多元化观点，因此"区隔"作用于精英与精英之间，以及精英阶层与大众阶层之间。精英阶层之间的观点不同，无法快速传导到大众阶层，并带动大众阶层引起共鸣和效仿，因此对消费主义议题中的身份符号区分的传播有正向作用。

在主流媒体自由度低，同质性强，网络社交媒体活跃度高的情况下，可认为当地媒介基础设施中等，公众媒介素养中等。大众阶层掌握媒介麦克风，精英阶层也掌握媒介麦克风，但形成了两个相互独立，且各自满足的舆论场。大众阶层的声音可以得到快速传导，大众流行可以得到快速的传播和效仿，有利于消费主义的身份符号和个性符号二者的传播。但由于精英阶层和大众阶层相互独立，难以将精英阶层中的小众反思传播和扩散到大众阶层，更难与大众阶层中的反对声音形成共鸣，因此，反消费主义议题的自发性传播难度较大，需依赖于官方的议程设置。

在主流媒体自由度低，同质性强，网络社交媒体活跃度低的情况下，可认为当地媒介基础设施弱，公众媒介素养低。公众较易跟随官方媒体的议程设置，媒介麦克风掌握在精英阶层手中，不利于形成多元化观点。跟风效应明显，谣言传播有了合适的土壤。此种情况表明当地公众的媒介需求较为初级，对于媒介信息多元化的需求度不高，大众传播在日常生活中并未扮演重要角色。这种情况多发生在处于物质满足阶段的国家或地区。

主流媒体自由度、同质性强弱的判定数据参照了 2018 年无国界记者组织发布的全球媒体自由指数（Worldwide Press Freedom Index）[1]。但由于普遍认为该组织发布的指数存在偏颇，因此在研究中我们同时参考了盖洛普公司 2017 年的年度调查报告[2] 对于各国媒体自由的排名，将两项对照取中间值，形成新的媒体自由度指数。在全球媒体自由指数报告中，媒体自由被分成了 5 个等级，用白、黄、橙、红、黑五种颜色表示。我们依此设定分值标准为 1–5 分。白色（Good Situation）为 5 分，黄色（Satisfactory Situation）为 4 分，橙色（Noticeable Problem）为 3 分，红色（Difficult Situation）为 2 分，黑色（Very Serious Situation）为 1 分。

网络媒体活跃度高低的判定标准以人群使用网络媒体的比例和时间为依据。网络活跃度指数所使用的各项原始数据来源于 We are social & Hootsuite 出版的《2019 全球数字报告》（Digital 2019）[3]。对原始数据进行加权计算，得出网络媒体活跃指数，以用于消费满足类型分析量表的分析（见表 2-2）。

---

[1] RSF. Worldwide Press Freedom Index [R/OL]. (2018-8-1)[2019-11-28]. https://wordsandimages.battleface.com/2018s-world-press-freedom-index.

[2] Gallup. Media Freedom Largely Stable Worldwide in 2016[R/OL]. (2019-7-8)[2019-12-03]. https://news.gallup.com/poll/209552/media-freedom-largely-stable-worldwide-2016.aspx.

[3] We are social & Hootsuite. Digital 2019[R/OL]. (2019-05-01)[2019-12-03]. http://www.199it.com/archives/870212.html.

表 2-2 网络传播活跃指数分析量表

编号	国家	互联网接入率/%	上网时长/天	互联网接入速率/Mbps	社交媒体活跃用户率/%	社交媒体使用时间/天	网络传播活跃指数
1	中国	57	05:52	89.2	84	01:57	4
2	美国	95	06:31	109.5	84	03:34	5
3	德国	96	04:37	64.9	52	01:04	3
4	加拿大	91	05:51	108.8	78	01:47	4
5	法国	92	04:38	97.9	69	01:17	4
6	英国	95	05:46	54.9	80	01:50	4
7	日本	94	03:45	91.9	69	00:37	3
8	意大利	92	06:04	43.3	67	01:51	4
9	澳大利亚	88	05:04	33.0	85	01:31	4
10	巴西	70	09:29	30	81	03:34	4
11	俄罗斯	76	06:29	45	57	02:16	4
12	阿联酋	99	07:54	50.2	99	02:59	4
13	沙特阿拉伯	89	06:44	31.4	87	02:50	4
14	以色列	73	08:30	30.9	89	02:50	4
15	南非	54	08:25	18.3	40	02:48	3
16	越南	66	06:42	27.2	80	02:32	4
17	埃及	49	07:53	6.7	57	03:04	3
18	印度	41	07:47	26.7	30	02:32	3
19	缅甸	80	02:30	11.1	39	01:20	2
20	埃塞俄比亚	—	—	—	—	—	1

2. 环境议题指数

环境议题是最常被提及的反对消费主义的议题之一。超越消费主义的价值观并不完全等同于环境议题中的价值观反映，但环境议题的讨论是其中最重要的表现。很多研究成果引用了环境议题指数，来评测分析一国对于环境问题的关注程度。环境议题指数显示了当地对于环境问题的报道频度，以及环境问题的公众接受度、讨论度。中国社科院世经政所国际投资室 2018 年发布的《中国海外投资国家风险评级报告》[①] 研究了 57 个中国企业出海目的地国的投资风险，各项指标中就包括环境政策指标，即环境议题指数[②]，以 1-10 分为范围，分数越高，表明当地环境政策越宽松。环境议题指数越高，在当地反消费主义的声音就越趋于主流化、公开化，更利于扩大当地追求价值观满足的人数。

第四节　中国国际传播的重点目的地国分类

一、样本选取与研究设计

目前世界上共有 200 多个国家和地区，根据前期访谈和文献调研，本研究列出了中国国际传播的 3 个重点区域作为分析对象，并选择了 18 个中国国际传播的重点目的地国家。通过上节列举的不同影响因素，得出了传播重点目的地国的消费社会类型表。本研究涉及的中国国际传播重点区域包括：代表西方先进的工业生产能力和西方社会主流声音的 G7 成员国地区；"一带一路"倡议沿线地区；其他移民、经贸、文化往来重点地区。从地理位置上兼顾了各大洲，共挑选了 19 个国家，根据不同影响因素的指标表现进行归类。所选国家列举如下：西方主要国家：美国、英国、德国、法国、日本、意大利、加拿大；"一带一路"倡议主要沿线国家：埃塞俄比亚、南非、俄罗斯、越南、缅甸、阿联酋、沙特阿拉伯、以色列；移民、经贸、文化往来重点国家：澳大利亚、巴西。

除此之外，为了与中国的消费文化作对比，在分析对象中加入了中

---

① 张明，等.中国海外投资国家风险评级报告 2018[R].北京：中国社会科学出版社，2018.

② 注：此报告中所列的环境议题指数并非该机构的直接研究结果，转引自 BTI, Transformation Index of the Bertelsmann stiftung.

国的各项指标作为参照，共计 20 个分析对象，根据消费社会理论可做出如下假设。

具备以下特点的可认为是前消费主义国家或地区：经济发展水平不高且社会阶层相对固化；政治或宗教影响力强大，媒体自由度低，网络传播不活跃带来社会价值观同质化；难以产生通过消费实现的"身份""个性"区分。一个典型的消费主义特征的国家或地区具备以下特点：经济发展水平较高或社会经济形态具备明显的阶层差异；政治或宗教影响力并未强大到可以严格控制社会阶层的流动；社会观点有一定自由表达空间，因此可以在信息传播和交流中形成对于"身份""个性"的认同。在此基础上，典型的超越消费主义特征的国家或地区具备如下特点：具备消费主义社会的经济特征，但媒介议程中对于环境保护等反消费主义的反思类议题较多。

根据以上假设，给经济因素、政治因素、媒介因素中的各个子项赋予不同的权重，可得出入选国家的消费满足基本类型。此类型表，可作为其他国家消费满足类型判定的依据，以便在后续传播实践中应用。

将消费满足分析量表中的各子项分别转换为相应指数，并给不同子项赋予不同权重，设定消费满足类型分值为 1-10，分值从低到高分别为物质满足、身份满足、个性满足、价值观满足。

各子项中，与消费满足正相关的数值有人均 GDP（人均 GDP 高，消费满足层级高）、媒体自由度（媒体自由度高，消费满足层级高）、网络活跃度（网络活跃指数高，消费满足层级高）。与消费满足负相关的数值有权力距离（权力距离高，消费满足层级低）；环境议题（环境议题指数高，消费满足层级低）；基尼系数（基尼系数高，消费满足层级低）；宗教人口（宗教人口占比高，消费满足层级低）。

根据前期调研分析，将人均 GDP、权力距离、环境议题的权重设为20%，基尼系数和财富基尼系数的权重设为 5%，其他子项权重设为 10%。

二、数据分析结果

经过加权计算，20 个示例国家得出的消费满足分值区间为 1.9-8.5之间。根据分值总区间为 1-10 分，将 5 分定为中位数，结合对于样本国家的历史、文化、经济等方面的文献分析，将 3.5 分设定为物质满足和身份满足的分界数值，将 7.8 分设定为个性满足和价值观满足的分界数值。

最终分类标准如下：物质满足为 3.5 分以下，样本中的国家包括越南、埃及、缅甸、埃塞俄比亚；身份满足为 3.5-5.0 分，样本中的国家包括巴西、俄罗斯、阿联酋、沙特阿拉伯、南非、印度、中国；个性满足为 5.0-7.8 分，样本中的国家包括美国、法国、意大利、日本、以色列；价值观满足为 7.8 以上，样本中的国家包括英国、加拿大、澳大利亚、德国（分类标准见表 2-3，分析量表总表见表 2-4）。

表 2-3　消费满足分值与典型国家

消费满足类型	消费满足分值区间	典型国家
物质满足	1-3.5（含）	越南、埃及、缅甸、埃塞俄比亚
身份满足	3.5（不含）-5.0（含）	巴西、俄罗斯、阿联酋、沙特阿拉伯、南非、印度、中国
个性满足	5.0（不含）-7.8	美国、法国、意大利、日本、以色列
价值观满足	7.8 以上	英国、加拿大、澳大利亚、德国

从表 2-3 中我们也可以看到，中国的消费满足类型属于"身份满足"，统计分值 4.55 分，属于"身份满足"区间中的较高数值，较为接近下一个满足区间"个性满足"。这一统计数据与上一章中我们根据中国消费文化现状作出的定性分析相吻合。

本章小结

本章通过数据建模的方式，将中国国际传播的重点目的地国进行消费满足类型化，同时，该模型也可用于其他未取样国家的类型分析。因

表 2-4 消费满足类型分析量表

编号	国家	经济因素			政治因素		媒介因素			消费满足分值	消费满足类型
		人均GDP（美元）	基尼系数	财富基尼系数	权力距离指数	宗教人口占比	媒体自由指数	网络传播活跃指数	环境议题指数		
1	中国	9769.0	47.4	73.0	80	14%	2	4	5	4.55	身份满足
2	美国	62517.5	48.0	85.2	48	56%	4	5	1	7.65	个性满足
3	德国	48669.6	30.6	81.6	35	51%	5	3	0	8.05	价值观满足
4	加拿大	46733.0	33.7	72.8	48	42%	4	4	0	7.85	价值观满足
5	法国	42930.8	30.1	72.0	57	37%	4	4	0	7.60	个性满足
6	英国	42260.9	34.0	74.6	35	30%	4	4	1	8.05	价值观满足
7	日本	40105.8	28.5	62.6	54	16%	3	3	1	7.40	个性满足
8	意大利	34349.2	31.9	69.0	50	26%	4	4	1	7.50	个性满足
9	澳大利亚	56698.1	33.0	65.5	36	37%	4	4	0	8.50	价值观满足
10	巴西	8920.8	52.7	84.9	69	85%	3	4	4	4.25	身份满足
11	俄罗斯	10950.5	42.0	87.9	—	19%	2	4	6	3.75	身份满足
12	阿联酋	41476.3	37.2	81.4	80	77%	1	4	4	4.85	身份满足
13	沙特阿拉伯	23219.1	37.2	81.0	80	81%	1	4	6	3.85	身份满足
14	以色列	41179.8	38.9	—	13	34%	3	4	3	7.50	个性满足
15	南非	6560.0	62.5	60.6	49	67%	4	3	6	4.75	身份满足
16	越南	2552.8	43.0	—	—	30%	1	4	5	3.40	物质满足
17	埃及	2549.1	30.8	—	80	90%	1	3	6	2.80	物质满足
18	印度	2016.2	36.8	85.4	77	81%	2	3	5	3.60	身份满足
19	缅甸	1326.0	38.1	—	—	90%	3	2	9	1.90	物质满足
20	埃塞俄比亚	772.3	33.0	—	64	98%	2	1	7	2.75	物质满足

注：表中数据截止时间为 2019 年 12 月

该模式可将国家较为精准地分类，相比"一国一策"的传播战略，更适用于对传播目的地国尚未有深入了解的一般研究者和传播者。在传播实践中更能让传播者快速完成策略定位，也给研究者提供比"一国一策"更宏观的视角。本书进一步假设中国在面对不同的消费满足类型国家进行国际传播时，存在的困境具备某些共性，并适用于一些具备共性的解决路径和方法。下一章节我们将进入到案例和策略研究的部分。根据消费满足类型的不同，我们从中挑选出典型国家进行案例分析，尝试挖掘中国在不同类型的消费文化中的传播得失与规律。

第三章

中国国际传播的历史困境与突围尝试

本章聚焦于中国国际传播在历史上曾遇到的困境与突围尝试。以时间维度为纵轴，分析中国国际传播的历史，以发现过往的问题，反向验证研究假设。研究选取了 1978 年中国改革开放以来的国际传播实践作为研究对象。在这个时间跨度里，我们可将国际传播分成以下三个阶段。第一阶段对消费主义意识形态基本持抗拒态度，社会形态与媒介传播均呈现出逆消费主义倾向。第二阶段受中国社会经济发展的驱动，开始反思消费主义的正向作用，特别是西方媒介消费主义对于文化输出的影响。批评西方在全球建立文化霸权的同时，也从实践角度研究并借鉴一些媒介消费主义的传播方式，但仍在主体上坚守政治意味较重的宣传模式。这一阶段的国际传播呈弱消费主义倾向。第三阶段是当前在社会化媒体环境发展影响下，尤其是中国互联网环境的发展已经超过了很多西方国家，互联网环境自带的消费主义属性影响了中国国际传播的内容、形式和传播渠道等，使之都呈现出了典型的强消费主义特征。媒介消费主义在中国国际传播中的应用产生了明显的效果。

在中国国际传播历史的阶段性划分上，依各自侧重点和研究方法不同，国内学者提出过众多划分标准。例如，姜飞、张楠提出"三次浪潮"的划分方法：第一次浪潮（从 1978 年到 1999 年），以对外宣传小组成

立为起点，呈现出从"宣传"向"传播"的理念转型。第二次浪潮（从
2000 年到 2017 年），以中国政府实施文化"走出去"战略为起点，以
央媒深入海外市场为表现，话语逻辑与形态呈现出向"跨文化传播""精
准传播"理念过渡的趋势。第三次浪潮以 2018 年"三台合一"为起点，"西
强我弱"的国际传播格局逐步实现"局部破局"以及"于我向好"局面
出现；国际传播已经事实性地超越信息传递和产业布局的初衷，正拉开
全球性战略传播格局的重组生态下，全球政治、经济和军事力量重组的
宏大序幕。[①] 这种划分方式的主要依据是传播理念和国际传播格局的变
化演进。朱鸿军等学者直接以年代为依据，将中国国际传播每十年划分
为一个阶段。[②]

　　本书提出的三个阶段采用的是"事件＋环境"划分法。划分节点
的选取依据是官方主导的重大传播事件，以及由此带来的舆论环境变化。
但是显然，在任何一种清晰的时间划分中，中国国际传播的特征和演进
都不是割裂的，部分传播实践特点是相互有重叠的。

　　在消费主义特征不明显的历史阶段，中国的国际传播多由政府主
导开展，民间的国际传播零散不成体系，且受限于当时的传播渠道，影
响力仅在某个局部，整体影响力非常有限。因此，本书将政府传播作为
主线，根据中国政府进行传播实践的几个关键节点，将 1978 年至 2021
年间的中国国际传播按重大事件的时间节点划分为三阶段。第一阶段：
1978-1992 年。这一阶段的代表事件是改革开放到国务院新闻办公室成
立并步入工作正轨。第二阶段：1993-2008 年。这一阶段结束的代表事
件是 2008 年北京奥运会的召开。第三阶段：2009-2021 年。这一阶段开
始的事件是中国倡导构建大外宣格局。结束时间划分到 2021 年，仅意
味着本书研究对象选取的截止时间，由于研究资料尚不充分，我们不能

① 姜飞，张楠 . 中国对外传播的三次浪潮（1978-2019）[J]. 全球传媒学刊，2019（2）.
② 朱鸿军，等 . 中国对外传播 40 年回顾 [J]. 对外传播，2018(12) : 8-10.

草率地认为中国国际传播的第三阶段在 2021 年后是延续还是终止。但可以看到的是，在本书的临近完稿期间，习近平主席在中共中央政治局第三十次集体学习时强调，"加强和改进国际传播工作，展示真实立体全面的中国"。这一要求的提出，对推动国际传播理论和实践进入新阶段至关重要。同时，新冠肺炎疫情在全球的持续影响，2022 北京冬奥会和冬残奥会的成功举办、俄乌战争等国际大事件，使得中国国际传播迎来新的挑战和新契机，也意味着下一阶段的新理念、新模式、新话语正在探索和形成中。

第一节　逆消费主义传播（1978—1992 年）：
"官媒"与"宣传"

中国的国际传播历史起源可以追溯到 19 世纪末期。在中国消费社会化进程中，大部分时间我国的国际传播由政府主导开展，与"传播"一词相比，"外宣"一词在行政管理、机构设置、文件发布中被更频繁使用，包括在对外发声中也一度使用"对外宣传"。因此，在本章的多处论述中，为了准确表述，沿用了该词替代"国际传播"。

在很多研究文献中，可以找到对于中国外宣历史的回溯：经历抗日战争后，到 1949 年中华人民共和国成立初期建立了中国的对外宣传组织框架，到"文革"动荡时期，外宣工作全面停滞，新中国刚刚建立起的外宣组织框架被破坏。直到 20 世纪 70 年代，中国的外宣机构才被重新建立起来，外宣工作逐步恢复正常。标志着中国国际传播逐步开始步入正轨的主要有如下两个事件：第一件是 1977 年 10 月，在中共中央宣传部开始恢复工作的同时，中宣部成立了专门负责对外传播的机构——对外宣传局；第二个标志性事件是，在党的十一届三中全会上，对外宣传工作被纳入到中国改革开放的整体规划中，外宣工作重新走上了正轨。

在这一时期的官方文件、新闻报道中，都使用了"对外宣传"一词指代国际传播行为。"宣传"（propaganda）一词在很多传播学者的研究中也被反复批评，认为其意识形态意味过浓，影响了传播效果。政府主导、官方视角、强化意识形态是这一时期中国国际传播最为突出的特征，所有这些特征均体现了逆消费主义的特点。

一、机构建制和传播目标初探

自1978年起，中国的国际传播工作在接下来的十几年时间里，经历了多次重大调整，初步搭建了外宣工作的基本组织框架，其中包括：1980年中央成立对外宣传领导小组；1982年中央外宣小组创新性地建立了新闻发言人制度；1988年中央外宣小组被裁撤，工作整体并入中宣部；1989年政治风波后，对外宣传小组被恢复；1992年国务院新闻办公室成立。这些变化表明，国家的官方新闻发布经历了从满足最基本的信息需求，逐渐有意识地过渡到力图从建制上调整，使其能够满足公众更多的信息需求。

可以看出，自1978年到1992年，我国的对外传播主体机构经历了曲折发展的道路，组织架构的建设在实践中多次转变，显示出我国对国际传播工作思路初期的不断探索和改进，在曲折中前进。

在"文革"期间，中国的对外传播任务曾一度被确定为革命思想的输出，具有较强的阶级斗争意识，在这一历史时期的国际舆论场上，中国与西方国家的意识形态冲突尤为显著。直到1978年这种局面才开始转变。

1978年12月31日，时任中宣部部长的胡耀邦在中央宣传系统所属单位领导干部会议上讲话时指出，外宣工作应该尽快改革，要跟上全国形势的转变，"更好地为四个现代化服务"。胡耀邦提出，外宣工作"一是要做好向国外、向世界的宣传；二是要做好向来华参观、旅游的外宾和华侨的宣传"。① 此后，在 1980 年的 4 月 5 日，已就任中共中央总书记的胡耀邦再次对外宣工作提出了要求，强调外宣工作应该更大胆一些、活泼一些、全面一些、灵活一些。1980 年 9 月 16 日，中共中央下发《关于建立对外宣传小组加强对外宣传工作的通知》。《通知》指出："对外宣传的根本任务是为党的总路线服务，为党的对外路线服务。"通知在明确了外宣工作根本任务的同时，还指出"对外宣传的对象应当尽可能广泛"，明确了对外宣传工作的主要对象"应当包括世界各国各阶层、各种不同政治思想的人，还有港澳同胞和华侨、华裔。"② 在对外传播内容方面，《通知》明确指出：对外宣传应"尽可能及时地宣传中国，介绍我国政治、经济、文化、社会生活等方面的情况，宣传我国的对外政策"。在此之后的几年中，我国的对外传播工作一直在《通知》的总体思路下开展。

可以看出，"大胆""活泼""全面""灵活""广泛"，这些关键词脱离了单一的意识形态属性，与消费文化的主要特质暗合。这些指导思想的变化表明，在现代消费社会化进程开始的初期，传播思想也开始适应社会变化，但目标轮廓尚模糊。

二、对外传播渠道初步建立

在传统媒体时代，传播渠道资源有限，渠道的每一点变化均深刻影响着当时的传播效果，常有人说"渠道为王"或"得渠道者得天下"。中国国际传播初期的很多努力集中在渠道建设上，效果差强人意。在 1978-1992 年这一时间段，中国国际传播的渠道主要依赖于几家大的中央媒体和外交活动两种方式。在大众传播领域，在以中宣部为主要统筹

---

① 戴延年，陈日浓 . 中国外文局五十年大记事：第一册 [M]. 北京：新星出版社，1999: 333.
② 钟馨 . 1976-2001 年中国对外传播史研究 [D]. 武汉：武汉大学，2010.

单位的框架下，由新华社、人民日报社、广播局、外文局等外宣机构具体负责执行，具体到媒体机构为新华社、中国国际广播电台、中央电视台、外文局以及中新社等几家媒体。这一时期的对外传播中官方机构、官方渠道占有绝对主导地位。受传播管理制度、经济发展水平和外语人才的限制，几乎难见到商业化媒体能够进行跨国传播。可以说，从渠道上，这一时期的国际传播也呈现出了逆消费主义特征。

当然，在目标明确、集中优势兵力的战略思想指导下，渠道建设取得了一些成果。官方媒体机构在这一时期纷纷明确对外传播目标，设立对外传播部门，在机构规模和记者数量上取得明显进展：新华社大幅扩大了海外的用户（媒体）群体（虽然这一时期的海外合作媒体主要集中在亚太地区、非洲地区和拉美地区等与我国外交关系良好、经济发展水平相当的发展中国家）。从 1976 年开始，中央电视台前身"北京电视台"开始恢复对外传播的工作，其主要方向为接待国外电视台来华采访摄制节目或与国外电视台建立合作关系，并经常以参加国际电视活动的形式，扩大其在国际上的影响。例如派团参加了在巴黎举办的"中国电视周"和"中国电视唱片展览"活动。1984 年，中央电视台在国际部的基础上成立专门负责对外传播节目制作的"对外部"。随后的几年里派团参加了戛纳电视节并在电视节期间与 6 个国家和地区签订了合作协议，参加全球电视大联播，向世界传送 1988 年国际体育援助活动现场实况等。

1981 年中国第一家，也是截止目前唯一的中央级英文报业媒体《中国日报》创刊，填补了我国无专业海外传播纸质媒体的空白，改变了以事件和单一角度进行零散海外传播的局面，为在海外综合展示我国的形象提供了稳定的平台渠道。1985 年 7 月 1 日《人民日报·海外版》创刊。1989 年 1 月，中国国际广播电台驻广州记者站成立，开始向美国、加拿大的 9 家华语电台传送中国新闻。

这一时期，中国几大官方对外传播机构的建立和探索，为后期的国际传播奠定了渠道基础。但这一时期官方媒体均明显反对和批判消费主义倾向的传播，特别是纸质媒体，很少见到有消费主义色彩的内容出现。中央电视台等电视媒体因其从诞生之初就天然具备消费文化属性，因此成为这一时期国际传播中仅有的弱消费主义渠道。从中央电视台海外建设成果来看，也可以发现它的国际传播效果略强于其他媒体渠道。

三、传播困境

在 1978–1992 年这一时期，中国开始有意识地主动建立渠道，发出声音，释放国际传播内容，逐渐参与到国际舆论场中。但初期开拓的阵地主要集中在亚洲、非洲和拉美洲的部分地区。这一阶段的特征为海外新闻传播覆盖范围有限，传播能力不足，对海外合作媒体的依存度较高等。

这一阶段的中国国际传播工作特色还与外交事务紧密结合，在上述地区的发展与我国整体外交事业的步调基本保持一致，官方交流较多，民间交流较少。领导人出访期形成了为数不多的"聚光灯"时期。国际舆论对中国的关注，往往集中在领导人出访期。1979 年 1 月 28 日 –2 月 5 日，时任国家副总理的邓小平应时任美国总统詹姆斯·卡特的邀请，对美国进行了为期 8 天的正式访问，这一行程获得了美国媒体的大量报道，美国媒体形容邓小平的访美为"刮起了邓旋风"。[1] 美国对于邓小平戴上牛仔帽的这一幕进行了细致的报道，认为这代表着中国领导人尊重美国文化。1985 年《时代》周刊以邓小平为封面，用长达 28 页的特辑，介绍了中国自改革开放以来的变化，其插画选用了儿童作为中国未来的象征。在美国进行的系列报道中，可以明显看到其"硬"新闻的软性报道的特点，以及对于"日常生活"的关注。这一特点与中国当时的传播

---

[1]　蒙象飞 . 中国国家形象与文化符号传播 [M]. 北京 : 五洲传播出版社 ,2017.

思路明显不同。

除了领导人高层访问带来的少量亮点以外，这一时期中国对于西方的国际传播遭遇到更多的是困境。在西方主流社会，特别是美国的舆论中，被建构、渲染为模糊、神秘、阴暗、压抑、不可信任的"共产主义中国"形象。一些西方民众甚至认为，"中国是一支侵略性的、不理智的力量，它支持世界各地的革命运动，因而是比苏联更危险的敌人"①。中国的很多负面文化符号，如"天安门""红色政权""专制国家""落后"等在这一时期的国外媒体上的提及率都达到一个高峰。而中国对外的传播内容在西方媒体消费主义围剿下，显得可读性差，与公众的日常生活格格不入，客观上又印证了国外媒体塑造的中国"专制"与"落后"的形象。

从消费文化的视角来看，不可忽视的一个问题是，上述地区的整体经济发展水平与中国基本一致，都处于物资匮乏，普通民众的消费以满足基本生活需求为主。上述地区的消费文化发展阶段与中国当时的阶段也是较为相似的。对于处于强消费主义属性的社会，如西方主流国家，则较难以触达。

此外，还应该认识到的问题是，在这一阶段，中国的对外传播工作对官方渠道，特别是对于中央媒体渠道的依存度极高。海外媒体对中国的主动关注较少，对外输出的新闻也以海外分社采集的国际新闻为主。由于传播资源的限制，信息承载容量有限，因此政治新闻等"硬新闻"会获得优先报道，对于民众日常生活、中国文化等内容的输出能力非常有限，国际传播工作对于在国际社会上树立真实的中国形象、表达中国声音的作用较小。

1978 年改革开放后的一系列国际传播行为，意味着中国从经济领域的国际化探索，到开始尝试在新闻传播领域进行国际化接轨。这一时

---

① 哈里·哈丁.美中关系的现状与前景 [M].柯雄，译.北京：新华出版社，1993: 3.

期的国际舆论环境整体上属于不利环境，中西方意识形态冲突强烈，西方发达国家已经具备明显的消费主义特征，消费主义成为西方媒体的主流价值观。因此，在中国的国际传播实践中，形成了"反对消费主义"与消费主义价值观的强烈冲突，这种冲突不但没有弱化意识形态冲突，反而让意识形态冲突变成国际传播中的主要矛盾。这种传播还带来的一个趋势是"中国威胁论"的第一次泛滥。1990 年，日本学者村井龙秀发表题为《论中国这个潜在的"威胁"》的文章开启了"中国威胁论"。1992 年，美国学者罗斯·芒罗（R. Munro）发表了《正在觉醒的巨龙：亚洲的真正威胁来自中国》。此文引发了美国各界对于中国的军事、环境、能源等威胁的大讨论。①

本书在第二章中提到了消费主义与国际传播的四种作用模式，其中"穹顶式"传播效应比较典型地体现在这一时期的中国国际传播实践中：即逆消费主义的传播思维下，意识形态冲突严重，导致传播内容难以融入强消费主义属性的西方社会文化中。

第二节　弱消费主义传播（1993—2008 年）：角力中探索

一、以发言人制度为开端，从"宣传"转向"传播"

在经历了艰难的"穹顶式"传播困境后，中国国际传播也进入了转型和变革期，开始了一系列更积极的探索。1993 年，以设立外宣品制作机构——五洲传播中心为始，国务院新闻办公室开启了系统性的对外"传播"，而非"宣传"行为。官方传播的主动性增强，传播指导思想开

①　李智.中国国家形象：全球传播时代建构主义的解读 [M].北京：新华出版社，2011.

始"以我为主",消费主义进程加速,典型的变化是官方有意识地弱化了传播中的意识形态。"宣传"一词在对外新闻报道中的使用率逐渐减少(尽管在官方文件中仍然大量存在)。

2003 年以"非典"为契机,在遭遇了国际社会对于舆情信息发布的强烈质疑后,中国政府开始了正式的新闻发言人制度建设和政府信息公开工作。这一制度建设带来的是政府对于官员传播能力的前所未有的重视,全面影响到了此后的对内、对外传播工作。

中国的新闻发布制度从 20 世纪 80 年代开始探索,到 20 世纪 90 年代逐渐成形,再到 21 世纪初快速发展直到完善建成。中国新闻发言人制度的建立,对于推动中国政府的新闻发布工作发挥了重要作用。作为政府进行信息传播的主要渠道,新闻发布制度在提高政府信息透明度、满足公众知情权、引导社会和国际舆论、构建良好国家形象方面起到不可替代的作用。政府新闻发布制度是政治现代化和民主化进程的重要标志,是政府信息公开和提供服务的基本形式,也是政府传播的主要渠道。国内有很多著作、报道、纪录片等均已对这一国际传播中的重要进程进行了详细的回溯和记录。本书作者有幸在较早的时间深度介入到这一进程中,贡献了微薄之力。

新闻发言人制度在中国的开端始于 1983 年,中国记协宣布中国建立新闻发言人制度。1991 年 1 月,国务院正式组建新闻办公室。1993 年,国务院下发了《关于国务院新闻发布工作的会议纪要》,首次明确由国务院新闻办负责国务院新闻发布和协调各部门新闻发言人工作。中国新闻发言人制度开始初步发展,每年举办的政府新闻发布会由几场、十几场逐步发展到三四十场。

中国外交部是较早建立新闻发言人制度的政府部门。1983 年 3 月 1 日,时任外交部新闻司司长的齐怀远向中外记者宣布:中国外交部从即日起建立发言人制度。[①] 从开始的就某一重大新闻事件专门召开记者招待会,逐渐增加到将外交部新闻发布作为日常新闻发布、媒体吹风的主要渠道。到 2019 年,外交部新闻发布基本做到工作日每天一次,新闻发言人保持了较高的出镜率。外交部新闻发言人一直备受社会和国际关注,国务院新闻办原主任赵启正曾经说过:"新闻发言人不是自然人,他应该是一个制度人。因为在他的背后,有一套制度作为支撑"。

2003 年的"非典"事件是中国新闻发布制度发展历程中的标志性事件,本书作者也是在这一事件中参与到新闻发言人制度建设中来,跟随李希光、董关鹏教授为首的专家团队,学习研究西方新闻发布经验和技巧,结合中国实际,运用到危机中的对外发声中,利用信息公开争取国际舆论支持。

面对突如其来的重大疫情,初期政府有关部门和部分领导人未能及时公开发布消息,国际舆论一时间对中国政府充满怀疑和批评。中国国际形象受到严重影响,在国内政府公信力也受到质疑。在这一背景下,中国政府意识到政府信息公开和突发事件新闻发布的必要性。在"非典"时期的后半段,包括北京在内的各地政府召开了多场新闻发布会,国务院新闻办也每天举行疫情通报会,在 2003 年,国新办举行了超过 40 场发布会,此后逐年递增。围绕政府中心工作、重大活动、热点事件、突发事件等,主动发布、设置议题、引导舆论,在境内外产生良好效果。2003 年,北京-青岛两市政府和国新办先后举行了第一次地方和中央的第一次新闻发言人培训,培训师资由当时的清华大学学者李希光、董关鹏团队负责。两次培训均被媒体称为新闻发言人的"黄埔一期"。2004 年底,国务院新闻办公室、中央各部委、省级人民政府三个层次的新闻发布体制已基本建立。2006 年开始,国新办推动 10 多个部委和地方政府举行新闻发言人定时定点发布新闻制度。

---

① 邹建华.外交部新闻发布会幕后 [J].世界知识,2005(6):55-57.

　　"非典"事件也推动了一系列关于新闻发布工作相关的政策、法规、条例的出台。如 2003 年 5 月国务院颁布的《突发公共卫生事件应急条例》，规定国家建立突发事件的信息发布制度；2004 年 9 月，十六届四中全会审议通过《中共中央关于加强党的执政能力建设的决定》，提出要"完善新闻发布制度和重大突发事件新闻报道快速反应机制"；2007 年 11 月 1 日起正式施行的《中华人民共和国突发事件应对法》，以及 2008 年 5 月 1 日开始实施的《政府信息公开条例》等，信息公开、突发事件新闻发布取得重大突破，我国政府新闻发布工作逐渐走上法律化、制度化轨道。2008 年 5 月 12 日发生汶川地震后，我国政府及时准确公开灾情通报，中央电视台也 24 小时抗震救灾直播和实时报道救灾情况，受到了社会各界和国际舆论的好评。

　　2008 年之后，我国政府新闻发布制度的发布体系、表达体系和表达场景不断呈现专门化，这种专门化，对于提升新闻发布的国际传播力度和效果，有着重要作用。一是发布动机方面，主要是为及时性、针对性地进行信息发布和舆论引导；二是在议题设置方面，政府新闻发布已经形成了"事前预告——事中进度——连续引导——事后总结"的模式；三是在传播主体方面，国新办的新闻发布在很大比例上都是多部门协同参与的活动，很多甚至是全国性的部门联动。

　　新闻发布制度，通过公共传播与国家形象塑造的双向互动，实现了对国家"自我形象"与"他我形象"的建构。例如，通过政治、经济、文化、科技、社会等方面议题的发布和解读，塑造现代文明的政治形象、积极负责的经济形象、和谐包容的文化教育形象以及维护世界和平的军事形象等，以此构成强大和平的大国形象塑造。

二、以北京奥运为契机，从所谓"封闭"到主动开放

　　如果说新闻发言人制度的全面建设是中国国际传播从"逆消费主义"

向以西方媒体为主导的国际舆论场中占主流地位的"消费主义"模式走近的开端，那么，2008 北京奥运会的筹备和举办，即是从事件上，各项具体的操作行为上可以看到部分"消费主义"特色融入中国国际传播实践的一个标志里程碑。

首先是允许大量国际媒体采访，使中国媒体和国际媒体第一次有了大规模的近距离接触，此举将两种不同消费属性的媒体放在同一个国际赛事舞台上同台竞争，中国媒体从中看到了消费文化内容在进行跨文化传播时的强大穿透力，加速了中国国内媒体对于消费文化内容的追逐。对于备受国际社会关注的北京奥运会的采访报道，2007 年国务院发布《北京奥运会及其筹备期间外国记者在华采访规定》，为外国记者采访北京奥运会提供服务。到 2008 年 10 月，《中华人民共和国外国常驻新闻机构和外国记者采访条例》正式颁布实施，外国记者来中国采访进一步放开。

其次，报道内容数量激增，体育、民俗文化这类政治意味弱的报道素材在国际舆论场中大幅增加，冲淡了传统"逆消费主义"时期的国际传播素材，形成了新的带有"消费主义"特质的素材沉淀。北京奥运会期间，有 3 万名境外记者对奥运会进行了全方位、大量的报道，在国际社会引起较好的反响。这一大型体育赛事，使得中国的国际形象传播得到空前提升。

从新闻发布会的数量来看，2008 年，国务院新闻办举行了 83 场发布会，中央各部门举行新闻发布会 521 场，各省人民政府新闻办举行了 983 场新闻发布会（不包括奥运会期间，北京奥运会新闻中心和北京国际新闻中心举办的 300 多场新闻发布活动）。① 此外，2008 年中国国防

---

① 王晨. 在国务院新闻办新闻发布会上的谈话：以更加开放的姿态向世界说明一个真实的中国 [EB/OL]. (2008-12-30)[2019-04-28]. http://www.scio.gov.cn/xwfbh/xwbfbh/wqfbh/2008/1230/document/309091/309091.htm.

部新闻发布和新闻发言人制度的确立，针对派遣亚丁湾、索马里海域护航的情况介绍等，引起中外媒体和国际舆论的高度关注。

2008 年北京奥运会的筹备与举办，意味着掌握世界话语权的西方主流国家对中国从长期的边缘型、敌对型的关注到第一次基于正面事件的主动关注。中国的国际传播获得了第一个机遇期。中国更加主动对外发声，大量外宣品、官方新闻报道制作出来。这一时期官方组织的对外文化交流也更加频繁，以中法文化年为代表的大型文化交流活动成为对外传播的抓手。外宣媒体负责人、受访人 H 曾这样评价当时的对外传播："中法文化年期间，我们把埃菲尔铁塔都变成了红色，这在当时是个创举，整条香榭丽舍大街上都是我们的文化游行队伍。"对外传播官、受访人 W 总结，"我们过去做得最成功的，现在看来仍然有借鉴意义的，我觉得有这么几点：第一个是高端交流。在几乎从零开始的时期，我们的国际关注度很低，我们设计并坚持了高端交流的思路，所有传播活动围绕领导人出访来做，从时间、地点、活动内容的设计，都以领导人出访为核心，有一个整体思路，然后各部门配合。这样做的好处是受关注度高，能跟国外媒体抢到报道资源，关注的人群也比较高端，精英阶层，话语权大，我们那时候就是要争取他们。第二个是优势资源捆绑。我们认为中国能对外传播的资源很多，但其实大部分都是自说自话，真正外国人感兴趣的、能理解的东西很少，只是单纯地展示一次，看似热闹，其实效果很差。所以我们当时采取的策略是优势资源捆绑，文化开道，科技、经济资源跟上。更要多建立实际联系，包括建立国际友好城市，开办文化周、文化年，形成持续的交流。第三个就是大型活动，北京奥运是最好的机会。当然除了奥运，我们还办了很多高端论坛，起到了让世界快速聚焦中国、认识中国的作用。"[①]

---

① 受访人信息与访谈观点参见附录。

三、对外传播渠道快速发展

20世纪90年代，中国国际传播的媒体建设进入快速发展期，媒体建设为国际传播打下坚实基础。1992年10月1日，中央电视台第4套节目CCTV-4正式创办并对外开播，这是中央电视台第一个国际卫星电视频道，标志着我国国际传播走进电视时代。1997年6月27日，中央电视台英语频道CCTV-9开始对外试播。2000年9月25日，英语国际频道正式开播，面向国外观众。后在2010年更名改版为英语新闻频道（CCTV-NEWS）。

20世纪90年代，也是互联网快速发展的时期，高速、互动、开放的互联网成为继报刊、广播、电视之后的又一重要媒体。国际传播开始向互联网发展过渡，各传统新闻媒体纷纷创办网络版或网站。1995年12月，中国日报(China Daily)创办网络版，成为第一家上网的国际传播媒体。1997年1月1日，中国互联网新闻中心诞生。随后，新华社、人民日报都推出自己的网站，开始了互联网国际传播实践。

中国国际广播电台是中国国际传播的另一重要媒体。作为唯一向全世界广播的中国国家广播电台，通过44种语言对全球进行传播，依托全球40多个驻外记者站，中国国际广播电台面向具有跨地域、跨语言、跨文化需求的海内外用户提供国际化资讯服务。1998年12月，中国国际广播电台开通互联网站。"国际在线"将国际台的广播节目全部上网，听众可以在网上在线收听和点播收听，极大拓展了传播渠道。

报纸方面，几家主流媒体也不断创新"走出去"方式。《中国日报》和《环球时报》(Global Times)英文版拓展自主海外发行渠道，取得了不错的效果。《人民日报·海外版》除在海外设置7个代理处外，还办了区域刊、国别刊及20多个与海外华文媒体合办的专刊。

对外合作也是国际传播开拓渠道和扩大用户覆盖面的重要方面。中央电视台积极探索与国外传媒机构合作，与福克斯新闻网、美联社、美国广播电视新闻网、美国长空国际传媒集团、美国摩根士丹利等多家公司开展合作。

尽管海外传播渠道在快速拓展，这一时期仍以官方传播渠道为主。西方媒介消费主义盛行，伴随着各国经济的发展和全球化趋势，消费主义价值观的影响进一步渗透。在此期间，中国国内对西方媒介消费主义的认识和反思加强，促使中国政府开始对媒介消费主义去粗取精。在奥运会前后的特定关注度红利期，中国的国际传播效果有了较大提升，虽然这一时期对于媒介消费主义的理解还偏向于保守，但奥运会、文化年等全球性事件自身的消费属性，弥补了当时媒介消费属性弱的特点，使得建构符号的消费属性增强，暂时性呈现了前文提到过的建构符号的强消费主义属性对原生符号的强消费主义属性所达到的"履带式"传播效应。

四、传播困境

这一时期的官方进行了从能力、渠道、方法到内容的诸多积极探索，但如果将关注红利期祛魅，剥开了暂时的消费属性价值，我们可以看到，中国当时的消费文化与国外消费文化仍然存在着明显的差异，传播困境之墙仍然坚固。这一时期可以明显看到许多意识形态宣传与媒介消费主义倾向相互角力的国际传播实践。中国开始有意识地把中国文化符号作为"建构符号"开始进行传播，尝试促进"文化认同"，但这一建构符号的解读却并不如我们所愿。一些可归属为宏大叙事的国际传播，其伴随意图是消费文化中的符号认同，特别是带有炫耀色彩的身份符号。然而，西方社会中的消费主义文化经过了长期发展，已经进入比较成熟的时期，该时期对应的消费文化不再是炫耀式的身份符号，从"身份满足"已进入"个性满足"的阶段。因此，这一时期进入个性符号消费阶段的西方受众，面对宏大叙事、炫耀身份式的跨文化传播，常常会产生反感、苍白、"和我无关"等感受。

《北京共识》的作者乔舒亚·雷默（J. Ramo）曾尖锐地指出："当前很多人试图树立中国的'古老'形象，但世界知道中国有多古老，无须再去强调，真正需要的只是以简单的方式让外界了解今天的中国正在发生什么。中国欣欣向荣、引人入胜的当代文化越来越吸引全世界的眼球，中国人应该有足够的信心去吸引国际社会的注意力，然而中国一些官员在展示本国的文化时，却依然习惯于选用那些老掉牙的戏剧、文打武斗的功夫和平淡无奇的茶叶，他们还没意识到如何充分利用当代中国的文化先锋。"[①]

"身份满足"社会惯用的"宏大叙事"和"秀肌肉"式的传播与"个性满足"社会之间存在错位，产生的另一个后果是，关于"中国威胁论"的讨论在这一时期更加频繁。1995-1996 年，国外研究机构先后召开了"中国威胁：理论与现实""21 世纪的战争与和平问题"等国际研讨会。"文明的冲突"观点的提出者亨廷顿号召西方国家团结起来，共同应对伊斯兰文明和中国文明的挑战。西方主流媒体纷纷载文称，中国的经济发展会使全球油价上升，中国的工业发展将危害世界环境，中国进口大量的粮食会对世界粮食供应造成威胁等。1996 年，美国《华尔街日报》一篇题为《中国的导弹威胁》的文章称，中国正在发展的导弹技术对美国及其亚洲盟国已构成威胁。1997 年，伦敦国际战略研究所称"中国正在出击"。《今日美国》刊出题为《美国提防中国称为超级大国》的文章。1999 年 5 月 25 日，美国众议院公布了所谓中国"窃取"美国核技术的著名的《考克斯报告》，"中国威胁论"的论调达到顶峰。

除了"中国威胁论"外，这一时期中国对于经济数字的强调、在

---

① 乔舒亚·雷默. 中国形象：外国学者眼中的中国 [M]. 沈晓雷，等译. 北京：社会科学文献出版社，2008:11.

传播内容中各种"炫耀性"信息的呈现，以及出于为北京奥运会创造良好舆论环境的目的，对于国内生活场景的大量单一角度的正面展示，也为西方的"中国崩溃论"提供了素材。2002 年 1 月，美国《中国经济》主编乔·斯塔德维尔（J. Studwell）出版了《中国梦》一书，把中国经济比喻为"一座建立在沙滩上的大厦"，一个"造假成风、虚空的无底洞"。同年 4 月 1 日，美国《时代周刊》刊登了《中国为什么造假账？》的文章，称中国已"被虚浮的数字淹没"。①

第三节　超越消费主义传播（2009—2021 年）：探索新的中国话语、中国模式

一、需求改变与新公共关系思维

这一阶段中国的国际传播依靠国力发展、媒介技术发展和上一阶段积累的传播能力建设，进行了更为务实的微观传播，获得了第二个机遇期。在这十年中，由于科技和媒介超速发展，全球物理距离和虚拟距离以超乎想象的速度拉进。异域文化通过网络触手可及，而不再存在于旧媒介塑造的想象中，尽管异域文化的偶像化、奇观化仍存在，但日常消费中的跨文化融合，消减了对异域文化的敌对意识。网络传播呈现出强烈的消费文化特点，但却使西方消费主义的新奇性减弱，"消费偶像"祛魅，留出了多元价值表达的空间。

2008 年北京奥运会的召开，向国际社会展示了中国作为世界大国的形象。随着中国国力的增强、外交关系的拓展、中国文化在海外传播的加强等，中国国际传播有了坚实基础。同时，一系列大型文化体育赛

---

① 蒙象飞. 中国国家形象与文化符号传播 [M]. 北京：五洲传播出版社，2017: 71-73.

事的传播历练，以及制度建设的逐渐完善，从 2009 年起，"大外宣"战略和"国家公关"一词在国内外舆论中被屡屡提及，中国国际传播真正开始进入公共关系时代。"2009 年 2 月开始，中国启动'大外宣'战略，被外媒评为'国家公关'、欲用'软实力'扩大在世界的影响。"① 中国国际传播从扩大传播覆盖面向更加重视传播效果的深度传播转变。2013年以来，习近平总书记在多个场合提出对外宣传要"讲好中国故事"，故事性叙事话语成为国际传播中的实践和研究重点。2021 年 5 月 31 日，中共中央政治局就加强我国国际传播能力建设进行第三十次集体学习，习近平总书记再次强调讲好中国故事，传播好中国声音，展示真实、立体、全面的中国，是加强我国国际传播能力建设的重要任务。其实，中国此前的国际传播并非没有故事。那么到底什么才是"好"故事？贴近受众心理的、贴合社会文化的才可称为好故事。这一阶段，国际传播的主要特点是讲故事的基础设施和思维都发生了变化，受众需求开始被重视，并逐渐排位于"官方需求""媒体需求"之上。

2009 年被称为社交媒体元年。微博、微信等社交媒体的发展，让媒体、受众的互动模式发生了根本性的改变。从单向传播模式，变为了真正意义上的互动、对话模式。公共关系思维比传统的新闻宣传思维更加适应媒介形态的改变。大量原来的被动接受者，变为了传播者，这一变革让菲斯克提出的"生产性受众"，从少数群体，变为了主流群体。社会文化和社会心理更直接地反映在各种社交媒介中，而无须经过传统媒体的加工。因此，这一时期的传播趋势适应社会经济、文化的速度变得更快。这一时期中国社会的消费社会进程加速，社会文化的原生符号中有大量强消费主义的符号，这些特点都体现在了传播中。

---

① 王君超 ."大外宣"视野下的"国家公关"：议程设置与传播策略 [C]. 首届国家传播学高层论坛摘要集，2016:18.

二、官方传播的变化

"讲好中国故事，传播好中国声音，展现真实、立体、全面的中国"，其中"真实、立体、全面"中隐含着对于话语体系转换的内涵要求。这种转换不仅仅是更加生动、切口更小、角度更新的要求，而是要体现在多元化世界中，中国发展独有的高度复杂性。"复杂性"正是"中国故事"的"戏剧性"所在。[①] 不仅要将中国在几十年内快速发展的巨大成就，以可被国际受众接受的方式呈现出来，更重要的是，要彻底讲清楚中国发展所面临的复杂背景及环境形势，如发展的不平衡、面临的风险挑战。

对于国际传播的目标受众来说，中国在世界发展中的位置以及经济崛起中做出的战略选择等，都并不容易理解。在这些方面的阐述、解读、介绍需要精心策划和设计后，才能形成认知共识。如果中国的国际传播的话语体系能认识到这一点，将小切口、生动化的个体故事赋予深层次的主题引领，则能将泛化的、简单的故事，以逻辑化、结构化、成体系的梳理后，分层次、有目标地进行策划协调，更多地从国家利益的战略意义层面进行战略统筹。

这一时期官方也开始尝试在渠道、叙事手法等方面使用典型消费主义方式传播，还处于对于新媒介形式的适应、学习和探讨的层面，在实践中呈现出意识强于技术、形式大于内容的特点。例如，中央企业做了很多国际传播的尝试。央企的国际传播中"叙事方法已经从传统媒体话语升级到了新媒体话语。但是，由于新的媒体环境和海量的信息选择，带来了受众的个体分化加剧。仅仅升级叙事话语的风格和素材仍不足以让企业信息从海量信息中脱颖而出"，还需要完成叙事场景的升级，做好符号的拆解与重建，"最终在公共关系实践中实现三个平衡：官方利益

---

① 周树春．自觉把握新时代国际传播的特征规律 [J]. 对外传播，2019(12):4-6.

与民间的平衡，社会责任与效益的平衡，叙事话语与场景的平衡"。①

在官方传播中，"中国故事"对于发展主题的表达，要让"信息"和"价值"更加紧密结合起来。国际传播蕴含着一国的价值取向，这是毋庸置疑的。但是，国际传播要深入文化背景完全不同的其他国家，价值观能否被对象国受众理解和接受，直接影响了国际传播的效果。"以人民为中心""人与自然和谐相处""全面小康"……近年来，中国提出了一系列新发展理念，新阶段的国际传播要将这些发展理念以直观、通俗、可视的方式诠释给国际受众，向世界展现文明进步的中国，让受众从感知、认知到认同，从对中国的感性认识进入理性认识阶段。中国道路的发展优势，需要通过选取强有力的叙事故事呈现出来。例如，中国近些年来提出的脱贫攻坚的政策和理念。减贫在世界范围内都是一个难题，而中国减贫人口占世界总数近80%，在这种背景下，中国首次在世界上提出脱贫攻坚的明确时间表，这是对中国发展最有力、最精彩的说明和阐述，其中那些西部偏远地区、从未被世界所知的贫困地区，在减贫中的精彩、曲折的故事，正是改变关于对于中国认知、消除对中国偏见最强有力的证据。让更多这样的中国故事，成为世界范围内被普通民众熟知的时代故事，从直观和感性方面加深对中国的印象，故事背后蕴含的中国发展理念、价值取向，便自然而然地被揭示出来。从微观至宏观，由感性至理性，中国价值得到更多的认同，不断提升对于世界文明的影响力和号召力。

讲故事，相对于宏观表达而言，是一种微观叙事方法，注重与日常生活、个性符号相结合，故事对于受众来说有一种天然的吸引力，也是符合国际社会主流消费文化的方式。在传统国际传播格局中，西方国家掌握着话语权，对于中国故事的讲述，多呈现出负面、落后等刻板印象，阻碍立体、客观的中国国家形象的塑造。很多研究都指出，西方媒体仍

---

① 寇佳婵. 央企走出去中的传播实践：以东南亚地区为例 [J]. 对外传播 , 2019(1):20-22.

十分偏好报道中国环境污染、人权等问题，对于我国力推的重大事件以及国家形象建构，并不会着过多笔墨。

随着全球一体化进程加快，人们对于其他国家的了解逐渐增多，对于异域国家的好奇心，已经不再能够充分激起国外受众的信息获取动力。在过量信息与有限注意力的矛盾中，人们更加关注"互惠""互利""利己""与己有关"的发展故事。国际传播也是如此。对于中国来说，国外受众更想了解有哪些与己有关、能够给自己发展带来益处的事件和故事。国际传播要更多以"利他"和"互利"为价值导向，而非一味地热衷于"强国""大国"故事。需要基于深度研究国际舆情、区域舆情和国内舆情，去发现和创造国家故事讲述的新空间，有针对性地进行国际传播。例如，有的国家民众认为实力更加强大的中国可能带来军事威胁、安全风险，围绕这些舆情可以有针对性地向该国家受众，更多地讲述中国军队参与联合国维和行动、参与索马里护航、参与国际重大危机事件救援的故事，以此改善对象国民众的认知。[①] 又如，很多外国民众对于中国文化中的集体主义有所误解，认为都是像大型活动中整齐划一的动作那样刻板缺少个性，那么，在故事选择方面，可以选取一些集体主义精神中国家通过调动全国力量、集中力量办大事的故事，还有个人在集体中有更大发展的例子。在传播形式上，可以通过电影、电视剧、新闻报道、短视频等多种形式，展现集体主义中牺牲小我、成就大我的价值观，进而可以引导受众，向其传达中国为了全球发展的共同利益做出的选择和担当。

"一带一路"倡议是一项由中国发起、惠及全球的国际公共产品，是近年来中国国家传播的一个较好的传播产品。"互联互通""共商共建共享"等理念，可以将中国负责任的国家形象有力传达，他者利益、世

---

① 钟新，令倩. 从塑"强国"形象到讲"好国"故事："一带一路"国际传播的重点转向 [J]. 新闻与写作，2019(7):5-11.

界共同利益等议题，既能引起国外受众的关注，又能够提高中国国际公信力，塑造国家形象。"一带一路"建设中，既有在海外新兴在建项目等实体经济行为，也有沿线国家的文化交流行为，这其中有大量的故事都可进行选择和阐述，在"一带一路"框架下，个人故事、家庭故事、城市故事、国家故事、世界故事可以在"互联互通"视角下，将"我的故事""你的故事""我们共同的故事"融合在一起，受众不自觉地将自己带入其中。从这个意义上来说，蕴含共享价值的故事，应成为"一带一路"传播中的重点选择。大量关于经济交流、人文交流、对话合作、环境保护等议题的丰富多彩、生动有趣的故事，应该被重新发现、重新讲述，在故事中，将中国与世界的互动进行直观展现。这样的故事应成为"中国故事"的主角。

这一时期中国的对外传播寻求了多种叙事方式，希望对外呈现开放、自信的中国形象，笔墨多从高科技创新、重大项目建设角度着手，如载人航天项目、高铁建设、5G 通信技术等。从效果来看，故事化、细节化的叙事和与科技的结合，让国外受众对中国的认知有了改观，但新的问题是，我们的故事过于"样板化"，缺少对于受众心理诉求的了解。大部分受众对于样板化的故事有一种天然的"怀疑和抵抗心理"，个性化的需求让其更关心生活中的共同性，关心其他地方的人过着怎样的生活、喜欢什么、与自己有哪些共同点，以此才能实现共情和移情。中国的国际传播，应从热衷于展示重大项目发展成就转向中国与世界共同发展的角度，在其中既要避免"炫耀"心理，不单维度展示中国的先进发展成绩，充分体谅传播对象的心理，也要有足够定力，不妄自菲薄，而以真心关切的视角，更为平和、平等的心态讲好"中国故事"。

三、民间传播力量的积极意义与风险

这一时期的国内媒体中，媒介消费主义与中国社会的消费进程化基本一致，甚至由于中国社会发展不均衡，媒体内容中的消费主义倾向要领先于中国社会整体的消费文化。媒体中有更多立足自我，实现自我的表达。但是，国际传播由于受语言、经济、教育水平等跨文化传播能力的限制，长时间以官方为主导，普通公众在跨文化交流中缺少传播意识，虽然在各个领域，民间的跨国信息大大多于以往传统媒体时代，但这种自发的传播往往呈现出随机性。这一时期的民间传播，对于中国国家形象有明显提升作用，但由于缺少顶层设计，缺乏统一规划，呈散点式，不系统，因此呈现出本书前文提出的"海绵式"传播效应，是一种缓慢渗透。

这一时期，官方的对外传播进行了更多日常化、借助民间力量的探索。地方政府传播负责人、受访人 L 提到："我们聘请了近 200 名传播官，包括海外侨领、意见领袖、华裔，也包括在中国的外国人，还有一些小朋友做了'小小海外传播官'。与此前主要依靠官方宣传不同，海外传播官主要依靠潜移默化的方式进行传播，运用的也是非常日常的手法，比如自己拍摄短视频上传到 Facebook 上面，或者看到一些好的文章随手转发到自己的朋友圈、微信群，影响身边的人。政府做的仅仅是在海外传播官微信群里主动分享一些关于本地的报道、素材等，总之是日常、潜移默化的，不会刻意去推什么。我们也在国内聘请了一些优秀的外国青年作为海外传播官，以他们的视角制作了一系列短片。"①

类似这些微观叙事方法，更加注重与日常生活相结合的传播，多样化的传播方式符合追求个性符号的西方主流受众，取得了较好的效果。但是，由于部分精英群体的追求和全球呼吁的重点已经超越了消费主义文化，而变为环保、可持续、多元化价值观等价值认同，在民间主导的传播行为中，常常缺少对于此类问题的重视和主动规划。这也产生了新

---

① 访谈者信息和主要观点参见附录。

的风险：越来越多民间主导的叙事，大部分缺乏消费伦理的检视，如何与数量逐渐增长的价值观受众相适应。如果此类传播错位没有被重视，将对中国未来的国际形象产生负面影响。

四、创新与探索

中国国际传播从第三个阶段开始，到 2021 年，尽管呈现出很多新的特点和趋势，甚至出现了 5G 等一些颠覆性的科学技术和媒介环境的改变，但对于国际传播仍是在一个渐进的趋势中进行，并不意味着一个全新的国际传播阶段的产生。虽然，一些实例证明我们过于以"宏大叙事"为主线的传播方式在当前社会环境下似乎传播阻力越来越大，但我们并不能一味认为"宏大叙事"是一种已经失效的叙述方式，无论是在东方还是西方语境下，宏大叙事与微观叙事一直是并存和互为补充的。关键在于如何让叙事模式更加适合传播土壤，与不同消费文化的人群相匹配。2021 年仅仅是至本书截稿时的研究节点，而非表示第三个传播阶段就此结束。正如开头所说，由于研究资料尚不充分，我们不能草率地认为中国国际传播的第三阶段在 2021 年后是延续还是终止。但结合习近平主席"加强和改进国际传播工作，展示真实立体全面的中国"这一要求的提出，以及新的"聚光灯"周期即 2021 年底至 2022 年初，2022 北京冬奥会的筹备和成功举办，我们可以看到中国国际传播正在迎来新的契机和挑战，新理念、新模式、新话语正在形成中。在本书最后一章，我们也对冬奥会中的传播新变化进行了初步分析，看到了新的基于日常视角的传播模式正在发挥积极作用。

我们可以试着预测，2022 年后不久，或将迎来足以让中国国际传播迈入新阶段的重大变革。

本章小结

在前一章中，我们提出了消费文化与国际传播的四种相互作用模式。

本章通过对于三个历史时间段的案例分析，可证实当中国的社会环境和传播环境处在逆消费主义或弱消费主义阶段，与国际上处于强消费主义阶段的文化进行互动时，产生了传播的消费主义属性错位，国际传播效果会呈现出"穹顶效应"。随着中国的消费社会化进程，媒介的生态环境呈现出更强的消费主义属性，与国际传播的主流生态环境的消费主义匹配度增强，"履带效应""海绵效应"开始显现。

（图片说明：我们并不能一味认为"宏大叙事"是一种已经失效的叙述方式，无论是在东方还是西方语境下，宏大叙事与微观叙事一直是并存和互为补充的。关键在于如何让叙事模式更加适合传播土壤，与不同消费文化的人群更加匹配。）

第四章

中国国际传播的全球典型困境与突围尝试

在前一章中我们论述了以时间作为纵向维度，中国国际传播经历过的困境和收获的历史经验。本章将以空间作为横向维度，选取处于不同消费文化阶段的典型国家／地区作为研究案例，通过对当地经济、文化、传播环境等方面的分析，与中国在当地的传播行为和效果作比较，得出中国国际传播在不同消费满足类型中的典型困境表现以及所做过的突围尝试。这些案例为消费满足假设提供了反向验证。

第一节　物质满足型社会中的现代性困境（以非洲为例）

一、将非洲划为物质满足型社会的历史背景

在第二章的消费文化社会分类中，非洲的埃及、埃塞俄比亚是"物质满足"型社会的代表。非洲大陆经济发展水平不平衡，但整体而言，处于"物质满足"阶段。本节将以非洲为例，探讨中国在物质满足型社会的国际传播实践状况。除了按照本书提出的消费满足量表外，分析非洲的消费文化背景可知，将其作为物质满足型社会的代表，并以此拟定

相应的国际传播策略，具备一定可行性。我们首先简要梳理一下非洲的消费文化演进历史。

非洲是世界第二大洲，也是世界上经济落后地区最为集中的一个洲。全非洲十亿人口一年的贸易总额只占全世界的百分之一。广泛的贫穷现状和大同社会的目标限制了人们的收入，社会主流人群尚处于物质满足阶段。由于近代西方国家在非洲的殖民影响，西方特色的消费兴趣获得了一定的发展空间，产生了消费主义的雏形特征。但是西方在非洲的殖民统治掠夺了大量资源，让非洲贫困加剧。西方消费主义特征在反抗欧洲殖民统治时期，面临着强烈质疑，人们的反抗方式经常是通过抵制外来商品和商人进行的。1921年南非发起抵制欧洲商人运动。西非的可可种植园主在20世纪20年代和30年代组织了多次联合抵制运动。[①] 与欧洲等地对于消费主义的文化反思和政府措施不同，非洲国家的政府对于"外资援助"等有可能促进当地消费主义进程的国际合作长期持欢迎态度。

鉴于这种历史背景，在非洲文化中，人们对于外来消费品的心理是矛盾的。生活在城市的非洲人经常描述他们是如何在新旧目标之间徘徊两难的。一方面他们想提高家庭的生活水平，利用购买物展示他们的身份，以和"乡下人"区分；而另一方面经济水平低，使得他们对于带有"高人一等"意味的商品宣传十分敏感。从非洲殖民地历史上看，反对外来商品带有鲜明的民族自尊感和维护国家主权的色彩，甚至带有攻击性的种族假设。

非洲国家的整体受教育水平相对较低，公众受媒体传播的影响较大，易形成一致判断。除南非、尼日利亚等经济较发达国家的城市居民外，消费社会意识形态的影响较弱。人们更加关注身边的人、事，相对于广告，更容易相信商品的口碑传播。

---

① 彼得·斯特恩斯.世界历史上的消费主义[M].邓超，译.北京：商务印书馆，2015.

非洲大部分国家原生的消费文化生态处于前消费社会，即"物质满足"阶段，但也有部分经济水平较好的国家产生了"身份满足"阶段的消费群体，这部分人带动了"差异化"消费倾向。

二、中国在非洲传播的优势与困境

中国与非洲合作历史悠久，在20世纪五六十年代就开始了对非洲的援助和投资。受90年代央企国企"走出去"战略和2015年"一带一路"倡议的影响，中国持续加大对非洲的基础设施投资，包括铁路、港口、道路等。电信基础设施方面，华为和中兴在非洲30多个国家构建了40多个电信网络。传音控股占据非洲手机30%的市场份额，是非洲第一大手机品牌。传播能力建设方面，中央媒体和一些民营媒体机构对非洲的媒体投资和传播活动逐渐频繁，四达时代通过"万村通"项目，把卫星电视带给非洲的一万多个村庄。基础设施和传播能力的双重建设，使得中国与非洲的关系更加密切，中国在非洲的影响力呈上升趋势，相较于其他大陆优势明显。

然而，也正由于中国对非洲的投资前期以基础设施建设和大型企业为主，西方国家借此在报道中长期使用"新殖民主义""资源掠夺"等词语建构中国形象，试图将非洲对西方消费主义的抵制力量转移到中国企业身上。相比于西方媒体在非洲的长期经营，中国媒体进入非洲传播的时间尚短。而中国央企和官方媒体在早期传播中采取的多是照搬国内的宣传方式，用"高层互访""总理视察"等"高层路线"的报道方式进行宣传，突出当地的路、桥、铁道等国家重要设施均为"中国制造"，忽略了当地受众心理，陷入了西方媒体建立的"新殖民主义"的报道框架。特别是中国的央企国企很多时候将传播重点放在了国内，着眼点并非是非洲当地。近年，央企国企"走出去"项目的国内传播渠道、形式、文本内容都丰富多彩，但在境外传播方面却仍采用较传统的传播方式，形成了对内传播创新，而当地传播守旧的两极化局面。

来自中非民间商会组织的受访人 X 认为，过去中国与非洲的经济交流，可总结为"投资为主，贸易为辅""出口为主，进口为辅""进口矿业等资源为主，进口商品为辅"等几个特点。这样的经济交流结构也让西方媒体的"资源掠夺"议题有话可说，有料可讲。最近几年，虽然贸易增速加大，进口非洲商品增多，但过去媒体报道形成的刻板印象还有待逐步改善。①

中国央企国企、官方媒体和非洲官方使用的"高层路线"传播方式，加上非洲民众对于"殖民"的历史记忆，共同形成了中国在非洲传播的"现代性困境"：即公众希望突破"物质满足"阶段，走入现代化生活方式，但又质疑现代化是"新殖民者"的现代化，而不是独立自主的现代化。如果"掠夺"意味明显，比起不能进入现代消费生活，公众更惧怕不能实现"物质满足"。因此，西方媒体设立的"新殖民主义"报道框架迎合了非洲公众的矛盾心理。尽管当地企业也邀请媒体报道了很多关于中国企业增加就业岗位、提供教育援助、设立慈善项目等新闻，但由于此类新闻数据枯燥，主观视角明显，难以广泛传播。

在与西方媒体的议程设置争夺战中，媒介消费主义给中国国际传播带来了一些积极影响。近年来，受"讲中国故事"的传播策略影响，官方媒体的报道转向正在发生，如 2018 年 5 月新华社播发的稿件《电气化铁路为埃塞俄比亚旅客提供新选择》中就有意回避了对非洲国家的喧宾夺主式的报道。"稿件对'中国制造'标签使用得较为克制，对亚吉铁路的描述首先是'非洲首条电气化铁路'，其次才是'中国建造的铁路'""稿件没有为了拔高亚吉铁路而否定埃塞原有米轨铁路的历史贡献，而是通过一位乘客之口提到（原有老铁路效率低下）"。② 该稿件通过"本

①　访谈者信息和主要观点参见附录。
②　姚远. 拉进中国工程报道与非洲受众的心理距离 [J]. 对外传播，2019(1): 59.

"土化"报道，弱化了"中国制造"色彩，得到了当地媒体的全文转发。近年来，类似的传播方式越来越多运用在对非洲传播中，弱化压迫式的"大国"视角，加入更多贴近生活的消费文化色彩，成为对非传播的主要转变之一。

三、对"物质满足"型社会进行国际传播的有效路径：商品品牌形象传播

突破"新殖民主义"报道框架，突破"现代性困境"，不能仅靠媒体叙事文本的改变，更应从深层原因即受众的需求满足入手。

"新殖民主义"报道框架能够在非洲有市场，一方面与长久以来西方媒体在非洲的影响力有关，另一方面与中国企业在非洲的传播行为零散，国企民企各自为战，企业品牌影响力低，国家形象与企业品牌之间没有建立起有效嫁接有关。中国通过长期经济援助、教育助学、公益慈善和基础设施建设树立的良好的国家形象，并未有效对非洲人认知中国商品的形象起到积极作用。相反，中国商品形象对中国国家形象起着反作用。"非洲晴雨表"（Afrobarometer）[1]2014-2015年面向非洲36个国家的超过52 700名受访者开展的民意调查也得出了同样的结论："构成中国在非洲正面形象的最重要因素是其在基础设施/开发和商业投资领域的贡献及其产品的成本优势，而其产品的质量则影响了其形象。在对中国在非洲大陆的形象中产生影响的各个因素中，政治和社会因素排位比较靠后。"[2]该调查证明，在"物质满足"社会，商品因素对于国家形象的影响超出政治、社会因素等。这也使得我们去思考，将商品品牌形象作为国家形象的主要符号去规划和维护，是否可以成为在物质满足型

---

[1] 非洲晴雨表是一家泛非洲、无党派的民间独立调查研究机构。

[2] 非洲晴雨表. 西方眼中的"新殖民"，非洲人自己怎么看 [EB/OL]. (2017-5-13)[2019-11-18]. https://www.guancha.cn/feizhouqingyubiao/2017_05_13_408086.shtml.

社会中改善国家形象的有效路径。

该报告显示，作为未来本国最优的发展模式选择时，近 1/3（30%）的受访者选择美国，中国以 24% 紧跟其后。1/8 的非洲公民（13%）说他们的前殖民宗主国为未来发展提供了最好的模式。接受过高中以上教育的受访者比没有接受过正规教育的受访者选择美国和中国的发展模式，高 7-9 个百分点，后者更可能支持前殖民宗主国作为优选的发展模式。城市居民更倾向于选择美国和中国，而农村受访者更倾向于选择前殖民宗主国或南非。这几组数据较为清晰地显示出消费主义和商品的影响，与国家认同度直接相关。受消费主义影响较大的城市居民、文化教育程度较高者更加认同"外来的"美国和中国的发展模式，而受消费主义影响较小的农村受访者、文化较低者更加认同身边的榜样。

改变中国企业和商品的品牌印象，通过日常生活中触手可及的商品，建立非洲人民，特别是城市居民对于中国商品的品牌认同，进而将该群体进入下一消费阶段必备的"身份向往"与中国符号和品牌建立联系，是改变媒体叙事文本之外，突破"现代性困境"的主要途径。

在非洲的中国企业、中国商品形象传播的最大困难在于品牌认知度低，背负着"低价劣质"的印象。受访人 X 认为，"日本商品在非洲的形象很好，代表着高端，而中国商品的品牌形象不清晰，提到高档商品，非洲人不会想到中国商品。像某中国品牌的高品质家电，进入非洲后曾被认为是德国品牌"。[①] 有媒体报道，在坦桑尼亚，当地人习惯把劣质商品（不限于中国生产的商品）称为"kichina"，翻译过来的意思就是"中国的东西"。在非洲关于中国商品质量不好的新闻由于符合公众"刻板印象"，传播力强，传播速度快。在 2016 年，一则关于"中国塑料大米"销往尼日利亚等国的假新闻就曾经在非洲得到广泛传播。

---

① 访谈者信息和主要观点参见附录。

造成中国商品品牌形象不清晰现象的原因，一是中国企业认为非洲是价格敏感的地区，很多在国内做得好的品牌不愿意将好的产品销往非洲；二是中国出口非洲的商品主要通过非洲当地经销商，经销商选择进口价格更低的产品，而不是有品牌的产品；三是虽然很多中国企业在非洲设厂，但多是代工产品。如被国内媒体称为"非洲女鞋之王"的华坚集团，在埃塞俄比亚设厂雇佣当地员工 6000 名，但生产的女鞋并不在非洲当地销售。除了近年来随着互联网创业的发展，进入非洲不久的传音手机、华为手机外，在非洲市场并没有更多形成清晰品牌形象的中国商品。

尽管非洲大部分人群均处于前消费社会阶段即"物质满足"阶段，但根据消费社会的"差异化"以及"差异化的进化"理论，随着物质的增长，人们会有着"向更好的阶层移动"的愿望。对于"物质满足"群体，由品牌符号所带来的"身份感"是他们形成消费文化后的基本需求，也即迈向"身份满足"阶段。例如，在非洲一些地方，已经出现了仿冒的传音、华为手机，这代表了非洲人们通过品牌商品传递出的一种对于未来生活的向往。但目前在非洲，城市居民的身份向往主要借由日本、西方商品形成，这与中国 80、90 年代的状况相似。如果中国商品的品牌传播仍然与政府的信息传播割裂，处于零散、自发性生长的处境，中国在非洲的国际传播就将面临正负效果相加，国家形象形成对冲、效果减弱的局面。

随着中国互联网企业进入非洲，中国商品可迎来形象转型期，主要原因有以下三个。第一，阿里巴巴等企业的跨境电子商务进入非洲，让中国商品选择更丰富，非洲消费者有了更多的自主选择权，而且不再依赖于经销商。第二，中国互联网企业提供的不仅仅是有形产品，而是中国产品＋中国服务，可以把"中国服务"作为新的符号来塑造中国商品的形象。第三，中国互联网企业有着消费者研究的基因，更能把握当地消费者心理。因此中国商品在非洲的形象有望得到改善提升。

中国商品的品牌认知度的建立也可借力于文化传播和公益活动。在非洲热播的《媳妇的美好时代》等影视剧中展现的中国日常生活，可以引导"物质满足"受众建立中国品牌认知。非洲第一夫人联合会和中非民间商会共同举办的青少年公益创新国际挑战赛活动，鼓励各国学生设计创新的产品和项目，改善非洲妇女儿童的困境。赛事中参赛团队设计出的太阳能书包、疫苗冰桶等创新产品均由中国知名企业完成实际的生产制造，再交到非洲受助人群手中，这类公益活动扩大了中国消费类企业的品牌认知和好感度。

在对处于"物质满足"社会形态的非洲区域的传播中，"中国制造"是一把双刃剑，既在西方媒体的议程设置通过符号塑造和刻板印象，形成了"现代性困境"，又是突破困境的实现要素。中国品牌优势并非不适合在所有传播中突出，而是要根据受众心理，将容易引起民族情绪的敏感领域和日常生活领域区分对待。日常消费品传播中应注重"中国品牌"概念，引导尚处于"物质满足"阶段的人群，通过对于中国商品的品牌渴望，建立身份向往，进入"身份满足"阶段。

第二节　身份满足型社会中的文化困境（以中东为例）

一、将中东地区划为身份满足型社会的历史背景

在第二章的消费文化分类中，阿联酋、沙特都是"身份满足"类型的代表。本节以中东的阿联酋、沙特等国家为例，探讨中国在身份满足型消费文化中的国际传播实践状况。除了按照本书提出的消费满足量表外，分析中东地区的消费文化背景可知，将其作为身份满足型社会的代

表，并以此拟定相应的国际传播策略，具备一定的可行性。我们首先简要梳理一下中东地区的消费文化演进历史。

中东地区，地处亚、欧、非三大洲交界处，在国际中战略位置极其重要，由于其石油资源丰富，对世界经济发展具有举足轻重的影响。经历了民族解放独立运动和社会革命的中东，在进入 21 世纪后，现代化进程向全面、纵深方向发展，经济也从曾经的贫穷落后发展成为以高收入和中等收入国家为主的地区之一。随着经济规模的不断增长，中东国家民众的消费水平、社会文化生活有了较强的发展。

几个世纪前，中东地区的伊斯兰商人引导了世界贸易之旅，尽管当时大多数人口仍然以务农为生，但市场商业活动是城市生活中很重要的一部分。社会上层阶级喜欢华丽的装饰和精美的珠宝，伊斯兰手工艺品的消费水平超越了世界上任何其他地区。尽管宗教影响深远，禁锢了许多在社会公共空间中明示的消费主义特征，但很多消费品放在家里悄悄享用，尤其对于女性。消费主义在中东有着超过其他地区的重要历史背景和心理需求。

消费主义在全球扩张时，它的外来性在各个地区得到的回应不同。对于欧洲以外的地区，消费主义是外来的、引进的。在中东，虽然权力距离较高、宗教影响深远，但经济发展水平、网络活跃程度不亚于甚至高于欧洲某些发达国家，因此传统文化和现代性产生了与众不同的融合。

在宗教信仰的影响上，中东地区与西方和中国、日本等地有很大不同。消费主义起源于西方的基督教体系中，但在西方社会环境中，宗教观念总体上影响力趋于下降，现代科学价值观的影响越来越强大。中国和日本虽然有重要的传统宗教，但处于主导地位的价值观是儒家思想，也即是入世的。非洲宗教信仰普遍，但却没有独立的宗教体系。因此，伊斯兰教和消费主义的相互作用形成的相互影响是一种强大的、在现代社会中仍具有价值观满足能力的信仰，与消费主义新诱惑之间的奇妙互动。伊斯兰教对于追求物质没有敌意，不仇视财富，它的限制更多表现在阶层的区隔中，比如对于女性的禁锢。尽管人们传统上对于珠宝等消费品兴趣浓厚，并希望女性作为展示渠道，但并不鼓励女性在公共空间中展示。伊斯兰教对传统的东西引以为荣，因而对进口商品的标准持轻视的态度，特别是面对宗教信仰冲突的西方。而对于同样源于东方宗教体系的中国，则相对宽容。

消费主义的外来性在中东产生了三种回应。第一种包括了对新奇的、现代性的要求；消费主义与传统身份阶层区隔的结合，不仅仅意味着获得产品，更意味着与新形象的关联。第二，外来性在习惯和更新的传统身份认同感的名义下，激起了抵制。在中东，这种表现尚不明显。第三，外来性融合了地方模式和价值观，使得消费主义获得了更好的生存土壤，甚至比在西方老家还要"地道"。

从现代消费市场来看，中东各国的市场繁荣程度、消费者需求、零售结构、数字化进程均不同，例如阿联酋、卡塔尔等的发展程度要远高于伊朗、埃及等地。在中东的发达国家，消费主义带来的身份满足的需求要大于伊朗、埃及等地区。总体来看，中东地区保持着较为强劲的对消费主义的认同，甚至高于一些发展中国家和新兴市场。

二、中东民众以消费进行身份建构

身份标识了人们在社会结构中所处的位置，代表着影响力和社会权力关系，是一种无形社会资本。寻求个人身份认同，是现代社会中个人的生存压力所致。在充满风险的现代社会中，人们需要通过身份建构和认同，获得在群体中生存和发展的机会。[①] 在 21 世纪以前，一个人的社会地位更多地由出身、家庭、阶级等较为固化的因素组成，而随着现代

---

① 安东尼·吉登斯. 现代性与自我认同 [M]. 赵旭东，方文，译. 北京：三联书店出版社，1998.

化、国际化进程的加快，这种传统的身份标识方式逐渐被新的方式所取代，如何将占有的财富、地位用更为直观的方式在群体中呈现出来，成为身份认同的新问题。消费以其象征性、符号性，而成为身份认同破题的重要途径之一。

中东进入现代化进程后，迅速积累的财富让民众有了身份认同的渴求，消费迅速成为当地民众进行身份标识的选择。其中，代表性的是炫耀性消费，目的是为展示成功和财富的力量。凡勃伦指出，财富和权力必须提出证据，唯有取得证据才能凸显身份。通过炫耀财富，不仅让别人对自己的权势产生深刻印象，更实现了自我满足的营造和维护。中东的消费方式呈现的特征多是奢侈性的、攀比性的，目的之一是为了通过消费维护身份地位和优越感。这也是炫耀性消费的典型特征。当身份成为民众的无形、流动资本，消费的身份象征意义进一步凸显。

随着大众媒体、互联网在中东的迅猛发展，当地民众的视野和眼界被极大地拓宽。他们对于奢华、异域、新奇生活方式的向往，激发着媒体越来越多使用时尚、成功、宏大的消费符号。媒体不仅塑造着大众对于消费的认知，更成为消费主义的有力推动者，也改变和型塑着中东民众的人生目标。这种"新消费主义"，在物质层面更追求奢侈、豪华，同时在精神层面追求审美情趣和生活品位，甚至从中可见民众对于身份政治的需求和动机。

布迪厄认为，消费品味是社会分层的重要依据，文化资本成为社会"区隔"的标志，消费即成为身份地位"软实力"的重要表征。消费符号区分社会层次、巩固社会差异，现代人为获得阶层认可而被消费所控制。

当品味成为地位身份的象征以及某种阶级的标志之后，消费成为检验民众身份和品位的最直观的方式。中东民众对于消费品位的追求，也导致竞争性、攀比性的消费风气的泛滥。如同一些消费文化研究中提到的那样，人们不仅跟周围的邻居进行比较，而且更多地通过大众媒体、互联网，与国际的同等阶层、更高阶层的人群进行比较。

由于政治、宗教等原因，中东娱乐活动较少，购物是当地主流的消遣方式。以阿联酋为代表的国家和地区，居民收入高，社会福利较好，有着旺盛的消费能力。由于本地工业、制造力发展不足，消费者习惯购买外国商品。从人群分析来看，18 至 34 岁是主流购物人群，呈现年轻化的特征，网络购物、社交媒体购物占比较高。当地女性受宗教影响普遍没有工作，负责家庭购买，也是消费的主力人群。

在第二章的数据分析中，我们可知，中东地区的网络活跃度很高。据最新的一份数据调查报告显示，2/3 的中东年轻人更喜欢从 Facebook 和 Twitter 上获取时事资讯，大概有一亿六千万个用户活跃在 Facebook，约一千二百万人每天使用 Snapchat。YouTube 在中东地区的使用数据更是不可小觑，YouTube 视频的日均播放量超过 3.1 亿次，位居全球第二。[①]

中东正在崛起的主要消费趋势是，消费者更倾向于追求价值、更倾向于追求便利度、更追求购物体验。有研究显示，中东地区的人口结构年轻化，年轻人们更愿意在社交平台上表达自己的想法，同时也喜欢和网络红人进行互动。中东人民的购物行为受 KOL（Key Opinion Leader，关键意见领袖）的影响越来越大，70% 的消费者在购物前会参考社交媒体名人的意见。在中东地区粉丝量最多的 10 位 YouTube 网红中，有八位就来自于沙特。

可以推测的是，虽然中东市场受传统宗教文化影响，目前主要表现为"身份满足"的消费文化特征，但正在以可见的趋势朝着"个性满足"发展。

---

① 出海中东. 70% 的中东线上消费受网红影响，八成网红来自沙特 [EB/OL]. (2019-03-28) [2019-11-28]. https://www.cifnews.com/article/42591.

三、中国在中东地区的传播困境

当前，中国的国家实力和国际影响力空前提升，而中东地区在国际政治、经济、安全等方面占据重要位置，在中国实现和平发展中扮演者重要角色。如何获得中东国家在国际事务中对中国的政策认同、寻求双方民众深层次的价值认同、加强双方国际交往，需要多领域、多方面、长期系统的规划实施。在对中东地区的国际传播实践中，历史做法和正在进行中的基于互联网的新经验，显示出较大效果的差异，但又互为补充，缺一不可。

中国在中东地区国际传播的主要目的是为了维护良好的国际舆论环境，增强民众对中国的认知，增信释疑。随着中国在中东事务中发挥着越来越重要的作用，国家形象在普通民众中的认知较为正面，这对于国际传播有着极大的推动作用。从建设情况来看，中国在中东地区已经建立了包括传统媒体和新媒体在内的较为完整的国际传播渠道，包括《今日中国》杂志、中国国际广播电台阿拉伯语频道、中央电视台阿拉伯语频道、中国网络电视台阿拉伯语网络频道等。尽管传播渠道完整，但在当地的认知度和受众范围都较小，未能较好地发挥国际传播的积极效应。

"将发展中的中国介绍给世界"仍然是中国在中东传播的主要侧重点，如正面宣传我国发展成就、介绍中国传统文化和民俗风情等单一话语模式，这种"以我为主"，或者将中国文化符号简单叠加的传播方式，流于日常交流表面，只能引起当地民众的一般兴趣，而对于深层的价值认同无法起到有效促进。比如 2019 年 11 月 1 日中央电视台阿拉伯语频道的栏目中，除了《新闻》《对话》栏目外，其他多为《中国工艺美术大师》《功夫》《中国旅游》《中国生活》这类软性文化宣传栏目。作为互动性栏目，《对话》本应成为中阿思想交流、价值观碰撞培育的栏目，但多是讨论的中国国内问题，除邀请少数阿拉伯学者参与的之外，多是中国学者之间的交流，无法真正成为中阿之间的"对话"。对于共同价值观的培育，仍是中国在中东地区传播的重点和难点。

中国对中东地区的报道，多停留在重大国际事件上，而对于阿拉伯地区本地居民的社会、经济、文化等民生问题，报道较少。与当地民众的"接近性"不足，是中国的国际传播在中东较少受到关注的重要原因。此外，当前中东移动互联网发展迅猛，当地民众通过智能终端浏览信息和视频的比重较高，这应成为国际传播的新重点。

由中国商务部、贸促会、宁夏回族自治区人民政府共同主办的国家级、国际性大型经贸活动，首届中国——阿拉伯国家博览会2013年在宁夏银川举行，此后，每隔两年举办一届，至2019年9月，共举办了四届。这个博览会已成为中阿贸易合作的重要平台。新华社于2019年9月5日和9月9日分别播发了《相知千年丝路　共享发展成果——中阿博览会谱写中阿合作新篇章》《共商发展新机遇　共享互利新未来——第四届中国–阿拉伯国家博览会巡礼》两篇稿件，报道了中阿双方在能源合作、基础设施、高新科技、数字经济等领域的经贸合作。商业领域合作，是中阿合作重点，也是中国希望借此影响阿拉伯国家提高对我国国家认同的着力点。但这两篇稿件，如同在其他国家地区的官方宣传一样，只要还是对于中国国内的内宣稿件，就未起到充分的国际传播功能作用。中东地区对于中阿博览会的报道仍较少，只有散见于约旦、阿曼、沙特的媒体进行了报道，因此未能形成规模、成系列的报道。

由于宗教、文化差异较大，以及中东地区民众长期关注本地区的政治局势，对于其他国家的政治话题相对淡漠，中国在亚洲、欧美地区常用的高层出访、文化搭台等方式，在中东地区都未看到明显效果。可以说，传统官方媒体报道中的中国形象在中东地区还是比较沉闷而模糊的。

中国在中东地区的传播特征主要表现为以身份认同为底层需求的、以文化冲突为表现形式的困境。

四、对"身份满足"型社会进行国际传播的有效路径：消费符号作用

前文提到，中东地区目前主要表现为"身份满足"的消费文化特征，但正在以可见的趋势朝着"个性满足"发展。因此，在对于中东进行国际传播时，"身份满足"和"个性满足"的需求均要考虑。符号消费的特征在这一地区十分明显，人们对于外国的认知与日常消费结合紧密。

我们需要看到，在传统媒体传播效果差强人意的另一面，基于贸易和消费品的国际交流则让中国形象变得活跃可见。

中东国家的轻工、日用、电子产品基本都要依赖进口，往来中东80%以上的货物要经过阿联酋进行中转，同时辐射到中东大部分国家。阿联酋的迪拜有着中东地区第一大港口，其优越的免税政策和贸易环境，使其成为周边海湾国家和非洲地区最大的贸易批发市场，覆盖人口达到13亿。

据外交部数据（2019年8月），阿联酋是我国在阿拉伯世界最大的出口市场和第二大贸易伙伴。2018年，中阿双边贸易额为459.18亿美元，同比上升12.06%。我国主要出口机电、高新技术、纺织和轻工产品，主要进口液化石油气、原油、成品油、铝及铝制品等。阿联酋是中东地区最大的家电及消费电子进口市场，中国约占其进口总额51%。阿联酋的石油资源、资金、市场和中国的技术、人才及市场在很大程度上实现了优势互补的双赢，双方合作领域不断扩大、合作水平日益提升。像阿联酋这样的关键贸易伙伴，可以成为撬动中东国际传播的支点。尤其是随着中国民营企业的崛起，中国高科技产品在中东市场份额不断上升。中国民营企业成为中东了解中国的一个重要窗口，中东国家民众对于高科技产品的追逐也是中国切入中东市场的重要筹码。

有研究以中国移动终端制造商华为公司为例，分析了阿拉伯媒体中

的中国跨国企业形象。从报道内容来看，通过对阿联酋《联合报》、《中东报》、卡塔尔半岛电视台等阿拉伯媒体的数据分析发现，阿拉伯国家民众对于华为公司最关注的三方面议题是：产品研发、企业合作、产品质量问题。其对智能手机、平板电脑、智能穿戴设备等电子产品以及芯片、安全技术、智慧城市建设等方面的信息技术尤为关注。《联合报》以多稿件、大篇幅的形式报道了华为 5G 技术发展、中国高科技创新发展最新动向。这些报道从侧面反映了当地民众从初级消费满足到一种深层次的有针对性的身份满足，代表着最新顶尖技术的电子产品，可以成为影响当地民众尤其是年轻一代价值认同的重要媒介，他们通过使用高技术产品，从而提高对企业背后代表的国家形象的兴趣。

从报道倾向性来看，阿拉伯媒体对于华为公司的报道呈现明显的积极倾向。对于华为的电子产品、商业模式、现代企业管理制度均用了颇多笔墨，认为其商业模式"给行业带来了革命性的变化"，多篇报道对于华为在各地建设研发中心等全球化战略给予了正面评价。在阿拉伯媒体中，华为公司的媒体形象为"一家重视创新和研发、重视人才培养的技术型公司"。在华为公司与美国的贸易争端以及信息安全等国际议题中，阿拉伯媒体也多采用了第三方评价的信源，态度较为中立。对于阿拉伯媒体对于中国民营企业的这种积极正面态度，可有效引导，使其延伸到对中国国家形象的传播中来。[①]

随着互联网技术的兴起，以阿联酋、沙特为代表的中东地区民众的消费习惯发生了巨大变化，从原来习惯到实体店消费到开始热衷网上购物。据普华永道的调查，来自阿联酋和沙特等中东国家的消费者，使用在线购物网站和通过手机网购的比例均已经高于世界平均水平。[②] 网络

---

① 贾育楠. 阿拉伯媒体中的中国跨国民营企业形象研究：以华为公司为例 [D]. 上海：上海外国语大学, 2019.

② 周翱. 中东地区电子商务快速成长 [N/OL]. 人民日报, 2019-05-08[2019-12-03]. http://paper.people.com.cn/rmrb/html/2019/05/08/nw.D110000renmrb_20190508_5-17.htm.

基础设施的逐渐完善、电商购物价格优势、智能手机和社交媒体普及率高，年轻群体喜欢尝试新鲜事物等因素，使得中东电商市场潜力巨大。中国电商企业在这方面具备明显的跨国传播优势。

以 Noon 本土电商、亚马逊为代表的国际电商巨头以及以浙江执御（Jollychic）为代表的中国跨境电商，构成了中东电商的基本格局。机票、酒店预定、服饰、饰品、电子产品，是较受欢迎的消费品类。斋月、开斋节、Eid al Adha 等节日的促销在电商销售中占据较大份额。以中国电商企业浙江执御为例，该公司于 2015 年进入沙特市场，目前已扩展至阿联酋、科威特、巴林、卡塔尔等海湾国家，目前跻身中东电商第一方阵，积累了 5 000 万用户。提供跨国物流、支付、清关、派送等服务。同时，与国内百余家制造型企业深度合作，帮助中国品牌进入中东市场，提升中国品牌在中东地区乃至"一带一路"的影响力。①

这些中国公司、商品品牌以其所带有的"科技""创新""潮流"等符号，吸引了中东地区民众，为其提供了从身份满足阶段进入下一阶段即个性满足阶段时所必需的一些魅力符号。

在中国过往的对外传播经验中，我们也可以明显看到中东地区与其他地区不同的消费文化的影响。中国在对外传播实践中喜欢使用带有身份意义的符号，这在中东地区有较高的接受度和认同度。例如中国曾在中法文化年期间，在巴黎举办文化游行活动，并第一次将埃菲尔铁塔变成象征着中国文化的红色。这一传播方式在欧美获得的评价不一，但在中东地区的阿联酋，这种方式则受到喜爱。阿联酋的文化发展有强大的政府主导色彩，是自上而下的。在 2019 年中国国庆 70 周年期间，阿联酋将多个摩天楼用灯光秀变成了"中国红"，并在多个地标性建筑上用灯光打出大面积的中国国旗。这与中国在巴黎的传播有异曲同工之处，

① 方圆圆，南希.浙企深度融入"一带一路"：未来三年培育百家中国优质品牌出海 [EB/OL].
(2018-09-29)[2019-12-04]. http://k.sina.com.cn/article_1708763410_65d9a91202000ncyb.html.

不同之处在于阿联酋是使用本国的符号，展示他国文化，比中国的传播方式更容易被他国接受。

央企的海外传播实践较为频繁，部分央企也感受到了中东地区与其他地区不同的消费文化的影响。中国石油化工集团的企业传播工作在国内外都较为突出，特别是近几年针对海外传播发力，先后在海外不同区域开展了传统媒体、社交媒体的同时推进。中石化的管理层曾预测中东地区会是企业海外传播的一个难点，认为当地宗教影响力非常强大，媒体偏保守，中国文化和当地文化差异大，沟通和文化融合都比较困难。但是，三年尝试下来，反而中东地区成为工作中的亮点区域。中石化2019年10月份曾有一篇稿件是《中石化全球最大起重能力履带式起重机在沙特首秀成功》，这篇文章是利雅得报首发，被当地和全球媒体广泛转发，在利雅得报的新媒体账号上收获了20万点击量。沙特人口很少，当地人平时也很少关注其他国家的新闻，外国公司的新闻有20万的新媒体点击量是非常少见的。在中石化提供的其通过美通社在全球推广该篇报道的传播数据[①]中可以看出，强调"最大""最高"等"身份满足"型信息的报道，无论是在传统媒体上，还是在社交媒体上，都在当事国沙特和其他中东地区获得了良好效果，该报道首发于沙特，在阿联酋落地链接数量为12篇，在整个亚太地区获得点击和评论数近150万人次。反观其在传播渠道最为丰富的美国落地链接为93篇，在加拿大落地22篇，英国落地11篇，德国落地6篇，澳大利亚落地6篇。在欧美国家的落地数量多，主要原因是欧美媒体传播渠道丰富，是美通社等传播机构的主要传播渠道。如果看互动数据则会发现，这些落地报道的打开来源几乎全部是当地能源相关机构，点开大部分链接进去看到的评论数都是0。当然，不可否认在中东地区的互动率高，新闻主题的接近性起了

---

① 原始数据资料等由中石化集团提供，来源于美通社编制的《中石化 Sinopec Debuts World's Largest Crawler Crane in Saudi Arabia 稿件全球英文及中东传播报告》。

主要作用，但分析大众评论，仍可看出公众对于此类"身份满足"表述的认同，以及由此认同产生的互动热情。

在身份满足型社会，人们对于消费符号的追逐和认同，让贸易、时尚、流行偶像更容易跨境扩散。传播中权威、宏大、炫耀型信息非但没有"祛魅"，反而拥有了更强的吸引力。

第三节 个性满足型社会中的魅力困境 （以部分欧美国家为例）

一、将部分欧美国家划为个性满足型社会的历史背景

在第二章的消费文化分类中，欧美主要国家呈现了分化态势，美国、法国、意大利等国家属于"个性满足"区间，英国、德国等国处于"价值观满足"区间。本节选取美国和法国作为例子代表个性满足的欧美国家，探讨中国在个性满足型消费文化中的国际传播实践状况。除了按照本书提出的消费满足量表外，分析这些国家的消费文化背景可知，将其作为个性满足型社会的代表，并以此拟定相应的国际传播策略，具备一定可行性。我们首先简要梳理一下欧美国家的消费文化演进历史。

消费主义起源于欧洲，并向全球扩散，在1850年左右，美国对于西欧的消费主义模仿基本成型。当代欧美消费文化经历了消费主义、新消费主义并向后消费主义发展。在此过程中，在西方世界内部也产生了分化。如以农业人口为主的法国，虽然有巴黎这样的时尚中心，但其乡村人口卷入消费主义轨道的过程并不一帆风顺。欧美国家的现代消费主义在1945年二战结束以后迅速发展，奢侈性、炫耀性地为追求体面、无节制的物质享受和消遣是欧美国家消费主义的主要特征，其直接后果

就是造成了社会财富的极大浪费。新消费主义出现在电视与互联网高度发展的 20 世纪 80 年代，电影、电视、广告、时尚杂志所呈现的宏大、豪华、奢侈等有钱人的生活成为消费主义的主流，并被互联网所放大，欧美消费进入了新消费主义时期 。此时期的主要特点是寻求象征阶级地位和标志的"品味"与政治身份定位，消费商品的符号价值（符号性身份政治需求）而非商品的使用价值（生理需求）。

总体来说，欧美消费文化与中国为代表的东亚消费文化因文化背景的差异而各具特色。欧美民主自由的文化理念孕育出了较为开放和接受新事物能力较强的消费文化。欧美受众更倾向于追求个性，以自身需求为出发点进行消费文化选择，具体表现为对于新奇事物的喜爱和追捧、实用至上以及在创新消费领域接受程度更高；而以中国为代表的东亚消费文化因在传统文化的熏陶下强调理性、量入为出、平均主义，与欧美消费文化相比，显得缺乏创新精神，保守、稳定 。

借助符号达到个性满足，是典型的消费主义特征。发达的经济水平，成熟的商业宣传，五光十色的商品展示，活跃多元的网络传播，这一切都让人们产生了虚幻的满足感。报纸、杂志、电影、娱乐等休闲传播与广告的结合，刺激的灾难、犯罪、性主题报道，为人们提供了逃避现实的空间。消费主义不断丰富这个空间，提供各种各样足够个性化、充满吸引力的符号，让人们获得满足。但同时，由于教育水平不断提高，媒体技术不断发展，欧美国家主要发声群体——精英阶层的媒介素养也不断提高，他们具备一定意识能够从单纯的符号中抽离出来，使得他们能够脱离"身份满足"需求，甚至鄙视单纯的符号消费，转而追求个性化的产品，以希望自己和大众流行脱离。但往往，这种追求最终不过是落入了广告、媒体议程设置的"个性化"符号而已。

欧美社会在资本主义发展时期产生的迅速繁荣，带来的是西方原生文化中消费符号的泛滥，同时也由于人们沉迷于资本主义符号消费中，而很长时间忽略了来自东方的异域文化。这既是文化冲突带来的传播难点，也给东方文化在互联网新秩序中进行新的魅力建构带来了机会空间。

二、中国在欧美地区的传播困境

改革开放以来的大部分时间里，中国在欧美国家的传播，产生了消费文化发展阶段的错位。本书的第二章提到，中国的消费社会进程于1978年开始，40年间，社会大部分人处在身份满足阶段，崇尚"炫耀式消费"。这种消费文化在媒体传播中的反映是以"秀肌肉"式的大国宏大叙事为主。而处于个性满足阶段的受众，更愿意接受的是个人化的、有潮流审美的、差异化的信息。在很长一段时间里，中国在欧美国家的传播是典型的消费主义属性弱的媒介生态，遭遇到消费主义属性强的原生社会生态，呈现出"穹顶式"传播特征。这一特征既表现在官方主导的传播行为里，也影响到了中国大型企业的跨国传播、广告营销。

消费文化对传播意识的影响是深层次的，即使中国在2008年以后，改变了很多传播思路和方法，进入了更偏重叙事技巧的"故事传播期"，传播者在传播渠道、方式、产品、内容等表现出的"身份满足"与传播对象的"个性满足"需求之间的错位仍然存在。

例如，官方和企业在过去的几年里都喜欢在地标性建筑——纽约时报广场用广告牌的方式进行形象展示。2011年1月17日，由国务院新闻办公室筹拍的《中国形象宣传片——人物篇》开始在美国纽约时报广场的大型电子显示屏上以每小时15次，每天共300次的频率播出。在将近一个月的时间里，该宣传片播放共计8400次。与此同时，通过美国有线电视新闻网各个频道播放，覆盖全球。研究人员孙卫华和刘卫东认为这"是一种目的性很强的国家层面的大型广告公关行为……在一定程度上提高了国外对中国文化的认知，中国长期以来在国际上形成的比较负面的'刻板印象'也得到一定的改善。但这些文化推广的方式和效果同样藏着很多隐忧：如推广手段过于单一，方式过于生硬，功利性过强。而从其影响的受众来看……显然是非常小众化的，这在某种程度上影响了其效果的持续性和广泛性"。[①] 美国一些批评人士指出，出现在宣传片中的"中国财富""中国体育"等标签更有可能一下子吸引中国观众而并非时代广场上每天成百上千的过客，这则人物宣传片有些与美国受众群体脱节，没有迎合他们的审美观；而与之相反，使他们感到了不安，因为美国观众觉得中国是在向他们炫耀日益增长的全球影响力。《华尔街日报》发表评论称，中国人本想通过这部国家形象宣传片"张开双臂拥抱美国人民"，但却"在无意中竖起了挑战的手指"。[②] 营销策略公司 Wolf Group Asia 首席执行官大卫·沃尔夫（D. Wolf）也表示，通过炫耀中国所有的重大成就，这则广告令人觉得有些可怕而并非友好。

2019 年新中国成立 70 周年大庆期间，某媒体代理公司以每 5 秒6000 元至 10000 元人民币的价格，销售时报广场"十一"当天的视频广告时段，供不应求。中国企业买下专属时段后，播放类似于"祝祖国生日快乐，繁荣昌盛，某某企业贺"的中英文内容。广告形式和内容大多雷同，以红色为底色，"70"字样、国徽、国旗为符号，如此多重复无新意的中国广告在美国轮番播出，很难不让当地民众产生"被侵犯"的感觉。

与上述《中国形象宣传片——人物篇》同期播出的《中国形象宣传片——角度篇》则更容易被当地民众接受。《角度篇》共分为"开放而有自信""增长而可持续""发展而能共享""多元而能共荣""自由而有秩序""民主而有法制""贫富而能互尊""富裕而能节俭"八个章节，对国际社会一向关心的社会问题做出了正面且平和的回应。资源消耗、

---

① 孙卫华，刘卫东 . 流行文化中的软实力较量 [J]. 新闻知识，2012(2):6-8.

② Pro-China Ad Makes Broadway Debut. Wall Street Journal, 2011.01.18. 转引自檀有志 . 国际话语权视角下中国公共外交建设方略 [M]. 北京：中国社会科学出版社，2016.

贫富差异、宗教问题、言论自由、民主法制、阶层分化等一向都是西方关注中国的焦点问题，因而吸引了欧美观众的关注，迎合了他们的胃口。《角度篇》通过来自民间的学者、媒体人、艺术家以及很多普通民众来讲述发生在他们身边的故事，给欧美观众以亲切感；一些外籍"中国通"也用外国人的视角评论中国的发展、成就并展望未来，拉近与欧美受众的距离，为本片增色不少。有学者认为，这种放弃传统精英视角，改变传播策略的做法，生动形象地刻画出中国社会中 13 亿人的日常生活，传播效果良好。

2017 年 8 月，由吴京执导并主演的电影《战狼 2》创造了华语影史单片单日票房纪录 4.3 亿元人民币、连续 10 天单日票房破 2 亿元人民币、华语片总票房 85 小时破 10 亿元人民币、中国影史单片票房最快 (167 小时) 破 20 亿元人民币、中国影史单片票房最快 (235 小时) 破 30 亿元人民币的历史纪录。它的成功在国内学者间引起了不小的热议。近十余年以来，中国电影市场迎来了大众文化消费时代，"以《战狼 2》为代表的电影把爱国主义的主流价值和商业电影的类型化创作完美结合，它既呼应时代、观照现实，又尊重市场和观众，具有强烈的情感共鸣和重工业化的电影品相，因而实现了在国内口碑与市场的双丰收"。[①] 但是，与此同时，令人遗憾的是《战狼 2》在国内的骄人成绩与它在国外的惨淡电影票房却形成了鲜明对比，它似乎并未被国外受众特别是西方欧美国家受众认可。依据美国权威的电影票房排行网站"票房魔音"（Box Office Mojo）的统计数据，电影《战狼 2》在美国总票房为 266.9 万美元（约合 1725.4 万元人民币），澳大利亚总票房为 135.2 万美元（约合 874 万元人民币），新西兰总票房为 21.1 万美元（约合 136.4 万元人民币），英国总票房为 3.1 万美元（约合 20 万元人民币）。国内市场与国际市场

① 褚金勇. 全球化背景下中国电影的国际传播：从电影《战狼 2》的海外冷遇谈起 [J]. 电影评介, 2018(6): 23.

的票房落差，并非《战狼2》所特有，而是中国电影近年出海遭遇的普遍现象。欧美受众在观看《战狼2》时并没有像国内受众一样感受到"大国崛起"的喜悦，而是怀有一种疏远和警惕的态度。

官方传播者也体会到了传播者的传播意识和受众需求之间的差异。北京从事外宣工作的官员、受访人W在总结中国对外传播的不足时提到："我认为我们传播的一个普遍意识就是我想让你'知其然'就好了，但国外受众，尤其是西方国家，他们更想'知其所以然'。比如，我们展示一个非遗文化产品，景泰蓝啊，泥人啊，印花布啊，我们往往觉得给你看个成品就行了，但是外国人更感兴趣的是它的整个制作出品过程，他们喜欢看这个过程，觉得过程更有趣，更有吸引力。所以我们要从展示，变成讲故事，而且要慢慢讲，不要急就章，要讲一个完整的故事。"①

三、对"个性满足"型社会进行国际传播的有效路径：突破符号误读，建立"魅力向往"

在全球化背景下，中国形象要想在欧美"走出去"进行有效的国际传播，需要考虑欧美社会的消费文化和社会发展的特点，寻找本土性与全球化之间的平衡。欧美国家中的"个性满足"人群对于中国社会中的原生符号的理解与"物质满足"人群可能有很大不同。美国利用好莱坞电影等方式在全球进行消费主义文化和美国式价值观的扩散，利用强消费主义属性的传播符号面对目的地国的弱消费主义社会环境和原生文化符号，实现了传播的"海绵式效应"，起到了润物细无声的效果。而前文分析过，当中国反向对欧美传播时，如果采用同样的文化传播的方法，由于消费主义属性强弱的差异，则很难收到同样的正向传播效果，反而会陷入符号被误读，价值、含义无法渗透的"穹顶式效应"中。我们认为充满魅力的文化展示，常常落于"看不懂"和被无视的境地。

---

① 访谈者信息和主要观点参见附录。

例如，影视传播被视为有力的国际传播工具。但是在很长一段时间里，中国电影都塑造了中国的落后形象，欧美受众的观看心态是一种对东方落后地区的窥探、猎奇心理，并未建立起对于中国文化的"魅力向往"。反而，在中国电子商务快速发展之后，中国一些常见的日常用品的出海，产生了意想不到的效果。例如，在 Facebook 上，有一个老干妈爱好者主页，世界各地的"老干妈"粉丝交流最多的一个问题就是：到底要上哪儿能买到"老干妈"。粉丝讨论热度甚至接近阿迪达斯最新上市的热门鞋款的热度。这些在中国非常普通的品牌商品虽然是日常售价，但出口后价格会翻几倍，具备了成为风尚商品的条件。日常商品逐渐取代了我们官方精心设计的外宣产品，成为魅力中国的新表现载体。

近几年，在欧美的流行文学论坛上，中国网络武侠小说、穿越题材小说的英文版也受到了欢迎。中国网络小说写手的英文版税最多可有年百万人民币以上。网文 IP 改编出海已初具规模。在一带一路文化交流上，网文 IP 改编作出了可喜的贡献。例如热门 IP 改编作品《择天记》曾作为入选"一带一路"蒙俄展映推荐片目中唯一古装剧，在俄罗斯进行展映，受到特别关注。此外，《扶摇》《武动乾坤》《你和我的倾城时光》《黄金瞳》《知否？知否？应是绿肥红瘦》等，具有相当热度，覆盖全球数十个国家和地区，在 YouTube 等欧美主流视频网站及东南亚地区各大电视台热播。如《全职高手》《天盛长歌》等，登陆海外知名流媒体平台奈飞（Netflix），进入全球千家万户。通过起点国际平台上的词汇百科，读者还可以轻松了解八卦、太极等网络文学中常见的东方文化元素，了解当代中国的各种网络文化。中国网络文学已形成与美国电影、日本动漫和韩国电视剧并驾齐驱的"世界文化奇观"。[1]

有些我们完全意想不到的中国符号在"个性满足"社会被充分解读，

---

[1] 李政葳．报告显示：2020 年中国网络文学市场规模达 249.8 亿元 [EB/OL]．（2021-10-14）[2021-12-21]．https://m.gmw.cn/baijia/2021-10/14/35233143.html

成为"魅力符号"。2019 年 6 月，法国人用中国纸扎在埃菲尔铁塔附近的博物馆办了一个叫"极乐天堂"的艺术展，还被法国的艺文指南杂质评为"今年夏天巴黎十大必看展览之一"。① 用于殡葬的纸扎，一个中国人极其忌讳的文化符号，成为法国人展示艺术"个性"的魅力符号，用以诠释中国人的死亡是浪漫的。纸扎本身是传统落后的，属于物质满足时代的产物，如果放在非洲等物质满足类型的社会，纸扎就是物品本身。但将其放到个性满足社会，就具备了消费符号的作用，形成了魅力吸引。

政府外宣官员、受访者 W 在总结奥运期间中国在欧美传播经验时提到，"我们当时选择哪些项目，选择哪些传播素材，选择哪些做重点展示和推荐，这个不是我们自己完成的，我们肯定避免不了中国人的想法。所以我们是把素材摆出来，让外国人挑，我们跟德国人办活动的时候，就让德国人自己选他们要什么，跟法国人办活动的时候让法国人自己选他们要什么，然后在他们选择的基础上，我们再加上我们想说的，想展示的"。②

第四节　价值观满足型社会中的伦理困境
（以澳大利亚为例）

一、将澳大利亚划为价值观满足型社会的历史背景

在第二章的消费文化类型表中，我们可以看到位居价值观满足社会

---

① 物道. 我们忌讳的纸扎，被法国人拿到博物馆展览：中国人的死亡是浪漫的 [EB/OL].
(2019-11-01)[2021-12-21]. https://baijiahao.baidu.com/s?id=1648901753138629178&wfr=spider&for=pc.
② 受访者信息和主要观点参见附录。

前三位的分别是澳大利亚（8.5 分）、英国（8.05 分）和德国（8.05 分）。本节我们主要以价值观满足分值最高的澳大利亚为例，探讨中国在价值观满足社会中的传播实践状况。除了按照本书提出的消费满足量表外，分析澳大利亚的消费文化背景可知，将其作为价值观满足型社会的代表，并以此拟定相应的国际传播策略，具备一定可行性。我们首先简要梳理一下澳大利亚的消费文化演进历史。

澳大利亚位于大洋洲，是典型的工业化国家，农牧业发达，自然资源丰富，制造业和高科技产业发展迅速，服务业等是国民经济主导产业。近年来，受全球经济增速放缓、收入增长缓慢等原因限制，澳大利亚的消费呈现增速放缓、市场萎缩等状况，消费低迷已经成为拖累澳大利亚经济增长的重要因素。澳大利亚的消费状态与经济发展水平相适应，始终保持在合理、适度状态，其消费率低于美国、英国等高消费模式国家，高于日本国，低于高收入国家和世界平均水平。由于收入差距长期保持在较低水平，澳大利亚是世界上消费平等性最高的国家之一，各群体之间消费差距不大。

澳大利亚一直以来也以自然环境优美著称，这得益于政府对资源节约、高效利用和严格保护生态环境作出的积极努力，以及公民强烈而自觉的环境保护意识。在经济社会发展较好的基础之上，澳大利亚逐渐形成了以人为本的文化和价值观，包括：满足人的生存和发展的理念、节约和适度消费的理念、平等分享经济发展成果的理念、人与自然和谐相处的可持续发展理念等理念，整个社会比较排斥破坏生态环境、过度消费、奢侈消费等消费异化的现象。长期以来，澳大利亚政府出台了50 多种有关环境保护的法律法规，同时，通过建立相应的政策和调整战略来引导可持续的资源利用方式，鼓励和支持可持续的生产和消费模式。不少关于澳大利亚的报道中，都提到了澳大利亚人对于环保的"爱管闲事"，他们表现出对于资源和环境保护有着强烈的社会认同和社会责任感。

作为构成价值观的一部分，消费价值观直接影响着个人和社会的消费行为。自我价值取向、利他价值取向、社会价值取向等都能通过消费行为反映出来，并影响着个体的消费选择。公民作为一种社会角色，是自然人和社会人的统一，表现为经济属性和道德属性的双重性。而伴随着集体主义、福利资本主义、自由主义责任观等的兴起，有限理性的责任观成为公民责任的重要理论分支。一直以来，个人—自由主义模式在澳大利亚公民的身份建构中占据主要位置，其公民教育中也更多地强调个体或部分群体的权利和利益。为了提高年轻民众对公共生活、公共价值的关注度，澳大利亚一直在公民教育中积极培养公民对社会公共生活的参与意愿，鼓励年轻人为现代化、多样性的民主社会作出贡献。"好公民应该持有何种价值观"一类的价值取向议题成为澳大利亚凝聚社会共识的重要议题。

二、中国对澳大利亚的传播困境

澳大利亚与中国同为亚太地区重要国家，两国人文交流领域和人员往来规模不断扩大，中国已成为澳大利亚第一大海外留学生和旅游收入来源国。近年来有关大量华人在澳大利亚奢靡消费的报道常见于当地媒体，华人群体追求身份、个性符号满足，与当地的价值观满足的消费文化，形成了较大差异。

2019 年，一部《悉尼超级亚洲壕》的真人秀在澳大利亚主流群体间传播广泛，该片以纪录片的形式播出了几位亚洲女性在悉尼极度奢华的生活。这些富豪在日常生活中为办一次聚会，对服务公司提出了包括关闭梵蒂冈，买到香奈儿时装秀的前排座位，关闭悉尼海港大桥，并在中间摆上餐桌举办晚宴，摆上水晶吊灯等普通人看来无异于天方夜谭的要求。2019 年，澳大利亚成为世界人均财富中位数最高的国家，但当地媒体关于"中国富人涌入悉尼""高净值人群大多数来自中国""中国富豪在澳洲逃税"等内容的报道频频出现,形成了当地对于中国的新的刻板印象。我们可称之为在价值观满足社会的"伦理困境"。

从中国对澳大利亚的媒体传播来看,主流媒体的声音并不大。澳大利亚的电视分为免费电视和付费电视,其中,从占大部分使用份额的政府主导的免费频道 Freeview 来看,中国电视节目主要通过 SBS 对中文节目转播或引进,如 SBS2 台每天中午 12 点转播中央电视台中文国际频道的新闻节目《中国新闻》。除此之外,可见纪录片《舌尖上的中国》、综艺节目《非诚勿扰》、电影《龙门飞甲》、《狄仁杰之通天帝国》、《志明与春娇》等节目;付费电视方面,受众可以订阅中央电视台英语频道和纪录片频道,能够了解到中国的国际频道选择较少。[①]

澳大利亚普通民众能接触到的关于中国的自制节目大部分都是新闻类的和宣传性质的,节目形态单一,传播主题比较狭窄,电视频道主流播出渠道实际落地效果差,凸显国际传播的能动性不足。一些省级电视台通过探索国际合作来提高国际传播效果。2014 年 6 月 2 日至 4 日,多部由上海文化广播影视集团有限公司(SMG)制作的展现上海城市人文变迁和现状的纪录片和美食节目,在澳大利亚广播电视台(ABC)播出。同时,由上海外语频道(ICS)制作的展现中国的时尚艺术、饮食文化、旅游风情以及社会话题等方面的节目也通过澳大利亚广播电视台的国际频道,呈现给其覆盖的亚太 46 个国家和地区的观众,展现了当下中国、上海社会以及普通民众的风貌。

澳大利亚的资源丰富,当地对于环境的监管较为严格。有中国企业到澳大利亚投资,仅涉及环境方面的审批就经过了一年半。中钢集团在澳大利亚投资的中西部矿业公司,开发时在项目所在地发现了一种西澳

---

① 徐盟 . 从大洋洲频道接收看中国电视国际频道的传播效果 [J]. 现代视听 , 2014(9):65-68.

州独有的物种———红背蜘蛛，由于当地规定在蜘蛛巢穴半径 200 平方米禁止开发利用，中钢集团花费了 6 个月时间和上百万澳元也没有找到任何解决办法，最后只能缩减了采矿区域。[①] 同时，由于澳大利亚媒体的刻板成见、对于中国崛起的恐慌等因素，有大量偏重于负面的报道，而集中于环境、人权方面的信息较多。2015 年 12 月 1 日,《澳大利亚人报》报道了中国北京附近一个村子冬季燃煤取暖导致雾霾加重的新闻，文章尤其强调：虽然中国在巴黎气候大会上承诺要减少一次性能源的使用，但是北京附近的村子里仍然将煤炭作为主要的燃料和取暖来源，以此质疑中国的能源使用导致雾霾加重。

　　分析澳大利亚媒体对中国报道的态度，应在澳大利亚对华态度的大背景和框架下讨论。澳大利亚前总理托尼·阿博特曾说，澳大利亚的对华政策受"贪婪加恐惧"两种情绪驱动，既想通过发展对华经贸关系拉动澳大利亚经济增长，但又害怕有着不同政治制度以及巨大文化差异的中国的崛起。面对这种巨大的不确定性，澳大利亚社会和各阶层对中国表现出复杂的两面性。2017 年，澳大利亚发布了外交政策白皮书后,《悉尼先驱晨报》撰文称，澳大利亚对未来生活在强硬中国阴影下感到焦虑。

　　从澳大利亚本土的权威媒体来看对华报道中的态度和倾向。《澳大利亚人报》是澳大利亚的全国性大报，隶属于默多克的新闻集团，总部位于悉尼，其经常出现涉华报道，对于能源矿产、通信技术设备、制造业等中澳贸易重点领域的关注度较高。有研究以《澳大利亚人报》为例，分析了中国品牌在澳大利亚媒体中的形象。从报道内容来看，该报的涉华重点是中国政府和企业的品牌战略议题、中国产品质量安全议题、中国企业海外并购议题、中国盗版与知识产权保护议题等。其中，该报通过对中国联想集团在澳设立的分公司能否适应海外环境、中国出现毒奶

---

① 　郭艳. 赴澳大利亚投资尽职调查必不可少 [J]. 中国对外贸易，2016(7):40-41.

粉、中国企业有财务作假现象等一系列报道，将中国企业的形象描述为"收购竞标的实力者，诚信经营的缺失者"。而对于中国产品，则通过介绍中国代工厂只是从事利润低廉的组装制造环节，一些企业抄袭和盗用知识产权的"复制文化"等报道，将中国企业描述为"低成本制造执行者，知识产权的无视者。"对于中国企业和产品形象较为负面的原因，该研究认为，从国家层面而言，中国仍处于经济转型期，创新意识、精品意识仍缺失，尚未涌现出大量在世界上有着良好声誉的企业品牌；在媒体报道层面，《澳大利亚人》的涉华报道，从议题选择和内容倾向来看，有着严重的"中国焦虑"，在面对中国日渐强大的国力时，集中于中国社会和企业的负面报道，将其塑造成蛮横、落后，缺少质量安全、创新精神和知识产权保护意识的形象，这也印证了西方媒体在中国报道中的刻板印象。他们通过预设价值立场，有选择地进行议题设置，将隐含的对中国的负面观点和情绪，传递给本国受众。① 如何突破澳大利亚媒体在上述涉华议题中的刻板成见，依然是中国对澳传播的难题。

2017 年 2 月，"中澳旅游年"在悉尼开幕，李克强总理与特恩布尔总理分别致贺词，澳大利亚贸易、旅游和投资部长史蒂文·乔博与中国国家旅游局局长李金早主持了开幕式，同年 12 月，2017"中澳旅游年"闭幕式于广州举行。持续一年，共计 100 多场活动，中国和澳大利亚举办了各种旅游文化交流。中国上海、海南、山东等 11 个省市区在悉尼举行了"美丽中国之夜"，千名澳大利亚游客参加了西安古城入城仪式，成都市在墨尔本举办了包括非遗体验、大熊猫公共艺术展在内的"成都城市主题活动日"活动等。在中国国内媒体的报道中，常常可见到"拉近了彼此民众之间对文化、国家的了解"一类的描述。但在澳大利亚的媒体上，此类常规的文化交流活动与每年其他的全球各地的无数交流活

---

① 江大庆. 澳大利亚报纸上的中国产品品牌形象研究：以澳大利亚人报为例 [D]. 武汉：华中科技大学，2015.

动一样，仅仅是完成了"规定动作"。如同消费文化当中的"标准组件"（standard package），更适用于物质满足型受众，对于价值观受众吸引力很小，传播声量低，收获的关注度不高。

根据 2019 年发布的洛伊民意调查①，澳大利亚人对中国的态度在过去一年中大幅恶化。只有 32% 的人认为中国能够扮演一个负责任大国的角色——这比 2018 年的民意调查下降了 20 个百分点，同时达到了15 年来的最低水平。"大多数澳大利亚人说澳大利亚经济发展过于依赖中国，澳大利亚应该采取更多措施以抵制中国在我们大洋洲的军事活动。公众对中国在澳大利亚的投资以及中国在太平洋地区的意图仍持怀疑态度。"② 该项研究显示，澳大利亚公众非常重视关于消费浪费造成的气候议题。在威胁澳大利亚的重大利益因素中，气候变化在受访者中被评为最高分值。近 2/3（64%）的受访者将其评为"严重威胁"，自去年以来上升了 6 个百分点，自 2014 年以来共上升了 18 个百分点。

最近的 2022 年北京冬奥会、俄乌战争等案例表明，在政治因素、媒介因素等多重作用之下，澳大利亚与中国之间的价值分歧进一步加剧，并直接反映在国际舆论场中。

三、对"价值观满足"型社会进行国际传播的有效路径：建立"幸福向往"，分享"共同价值"

在世界很多地方，特别是在消费主义发展时间长、财富平均程度高的地区，一直有与消费主义相抗衡的更持久的道德和政治力量：人们对消费伦理更加关注，抵制对于自然资源的过度消费。"绿色"行动在澳大利亚、德国、英国这样的国家获得了巨大支持，人们努力抑制消费过

---

① 洛伊民意调查是澳大利亚智库洛伊国际政策研究所不定期发布的民意调查研究报告。
② 西安外国语大学国际舆情与国际传播研究院. 洛伊民意调查：澳大利亚民众对中国的情感偏见 [EB/OL]. (2019-07-15)[2019-12-05]. http://icgpo.xisu.edu.cn/info/1167/4866.htm.

度。反消费主义价值观成为社会主流，深入民众的日常生活，深入舆论。甚至，在这些国家的政治大选中，常有参选政客因为手中拿了一个一次性纸杯而失去了大量选民的支持。

向价值观满足人群进行跨文化传播的难点在于不仅需要考虑不同文化，更要考虑不同价值观的融合。吾之"真理"，很可能是彼之"谬误"。这种错位，产生了许多"价值沟"，特别是在事关人类社会未来的新兴领域，如环保、健康、生物、科技伦理等。究其本质，我们认为是不同群体对于"未来""美好""幸福"等关键词存在着不同的理解。

来自英国跨国传播机构 BBC Studios 的受访人 C 在提到中国和英国两国的跨文化沟通障碍时认为环保意识是目前两国之间的最大交流障碍。"环保意识在很多英国公司是贯穿在每时每刻，每一个细节里的，对于资源浪费比较不能接受。比如为了节约资源，在我们的办公室里设计了很多可以升降的供使用者站立工作的桌子，方便各地出差人员流动办公。他们其实很不喜欢看到我们的企业宣传在海外设置了豪华巨大的办公场所等。我们虽然是一个商业公司，但是当我们被客户要求在片子中表现这些的时候，也是有些抵触的。"

环保系统的受访人 S 讲述了在工作期间与德国环保官员的交流出现的环保理念差异："我们去德国期间，为了向国际友人宣传我们的环境监测工作做得好，我们常说我们建立了 200 多个监测基站，工作做得又多又好。结果德国官员却很不解，反而认为中国环保工作确实做得很差。他们说我们只建了一个监测基站，我们觉得如果环境出了问题，应该把更多的钱投入到治理中，而不是花很多钱去做监测。"

价值观满足人群定义的"幸福生活"与其他消费满足人群有显著区别。例如，反消费主义理念倡导者、受访人 B 是在京的美国人，他说自己热爱现代中国，非常喜欢中国的新"四大发明"，享受中国电子商务等带来的便利，他喜欢中国提出的创造"美好生活"以及"和谐"的理念。他观看了中国庆祝新中国成立 70 年的盛典，认为那是极具吸引力的，但也认为"唯一不喜欢的是广场上大量的气球，那让我觉得非常浪费"。①

（图片说明：向价值观满足人群进行跨文化传播的难点在于不仅需要考虑不同文化，更要考虑不同价值观的融合。吾之"真理"，很可能是彼之"谬误"。）

我们认为，满足价值观需求的途径是构建"幸福向往"，向世界分享中国的幸福观、伦理观。党的十八大明确提出要倡导"人类命运共同体"意识。2018 年 4 月 10 日，习近平主席在博鳌亚洲论坛 2018 年年会开幕式上的主旨演讲中讲到："从顺应历史潮流、增进人类福祉出发，我提出推动构建人类命运共同体的倡议，并同有关各方多次深入交换意见。我高兴地看到，这一倡议得到越来越多国家和人民的欢迎和认同，

---

① 受访人信息与主要观点参见附录。

并被写进了联合国重要文件。我希望，各国人民同心协力、携手前行，努力构建人类命运共同体，共创和平、安宁、繁荣、开放、美丽的亚洲和世界。"我们可以说，建立"幸福向往"可作为这一价值观在面向"价值观满足"受众传播时的日常化表述。

以澳大利亚为例，在澳大利亚文化中所推崇的和谐消费模式中，很重要的一点在于消费与外部关系的和谐，如消费结构与产业结构的和谐、消费与环境的和谐、消费与投资的和谐等，在整个社会的价值观中，民众也追求消费者自身与自然环境的动态均衡和谐状态。在这一点上，通过中澳文化、市场的共通性，在贸易合作、产业发展的同时，有利于增进澳大利亚民众对于中国社会文化传承、人与自然和谐共存的消费观的认同感。构建共同的幸福向往，需要利用两国密切的交流合作，通过加强商业交流中对于反消费主义价值观理念的传播，抵消两国在意识形态上的对峙。

构建"幸福向往"，还与国际受众身边的国家形象符号——海外的华人、留学生分不开。他们对于幸福的理解，他们的消费观、生活观、伦理观都影响着敏感的价值观满足人群。截至 2018 年底，中国在澳大利亚留学生总数约 24.7 万人，是澳最大的海外留学生群体。中国移民成为澳大利亚第二大移民群体，汉语已成澳大利亚第二大语言，在经济发达的新南威尔士州和维多利亚州某些地区，华人人口比例已经超过30%。可以说，从政府到民众层面，中国对澳大利亚的国际传播都有着良好的基础。对于在澳华人、留学生的消费伦理的教育和解释，是中国对澳传播中的关键点之一。

本章小结

本章通过对四种不同消费文化类型中的典型国家／地区的案例分析，总结了四种不同的传播困境类型：针对物质满足社会的现代性困境、针对身份满足社会的文化困境、针对个性满足社会的魅力困境和针对价值观满足社会的伦理困境。并根据消费文化中的"差异化的进化"理论，尝试提出了层层递进式的需求满足思路，以优化传播效果：针对物质满足社会，建立"身份向往"。针对典型的符号消费社会：身份满足和个性满足社会，建立注重消费符号的"魅力向往"。针对价值观满足社会，基于"人类命运共同体"理念，注重价值、伦理、理念的传播，加强价值观的日常化阐释，建立"幸福向往"。本章通过对于案例的分析，尝试提出了国际传播从历史困境中突围、传播效果优化的路径。下一章，将对于消费需求进行更完整的分析，研究能够适应需求的中国符号，并通过符号重建，提出传播产品的优化思路。

第五章

"日常"视角与符号重建

通过前文时间和空间两个维度的分析，我们可知消费文化发展的历史阶段和社会形态对于中国国际传播效果存在影响，且如果出现错位传播，则容易陷入困境。根据消费文化理论，消费文化的形成来源于日常生活的节日化、艺术化与瞬间化，要改变日常生活，要将创造性置于首位。消费文化理论提出，要将"日常生活变成一件艺术品"，那么，应用于国际传播实践，我们需要关注的是在"日常生活艺术化"的路径指引下，在实践中如何设计相应的传播产品，达到既定传播效果。这一章我们将讨论从日常生活视角看消费文化需求如何满足，以及如何通过具备消费文化属性的符号建构实现国际传播的效果提升。与前章的反向验证相对，本章是从符号工具的设计、符号产品的设计等适用性出发，对于消费满足假设的正向验证。

第一节　受众需求变化：被社交媒体消解的"他者"想象

一、媒介想象与日常生活实践趋近

在国际传播学界众所周知的是，基于意识形态、陌生文化的国际传播容易使一个国家、民族的形象成为"他者"的想象。史景迁（J. Spence）曾用一句话概括了西方的中国形象研究中的一个根本性问题，"西方人对中国的兴趣是不受中国的历史现实左右的[①]"。想象出来的中国形象表达的是"他者"的意愿、心理或精神状态。能够构建想象的是我们所有的传播活动，包括"与人交谈、提供指示、传授知识、分享有意义的想法、寻找信息、娱乐与被娱乐……让我们沉思社会生活里平淡、无甚问题且肉眼难视的一些显著奇迹，如杜威所要表达的，传播能引发我们针对不起眼活动产生惊叹语境的能力[②]"。

基于日常生活的国际传播，恰恰是将想象与现实进行连接、矫正的一种新视角，来找到那些被误读和淹没的东西。"日常生活"理论体系始于 20 世纪 50 年代，日常生活研究最早出自人类学家的自省："究竟不同文化之意识形状（shape of consciousness）与经验是否不同以致其产生了翻译（translation）的困难[③]"。随后，社会学者和心理学者认为，社会科学应以"日常生活"为研究对象。

日常生活是独立于经济、政治之外的另一个平台，在现代社会中已经处于比生产、意识形态更重要的地位，是不同群体之间促进融合、认同的重要场所。本章引入"日常生活"理论，是源自于在新媒介中人们把日常生活中的细节、瞬间审美化、艺术化后，产生了众多在以前的媒体把关人环境下难以看到的信息。传播学研究中的"叙事传播""符号互动"均是属于日常生活场域的研究。在本章中，我们希望探讨的是如何通过日常生活视角：1. 把中国国际传播中的一个个符号从原有的想象中剥离，再重新建构基于现实的认知，梳理出更具跨文化传播力的符号。2. 沿着"日常生活艺术化"的理论路径，设计符合消费文化背景和时代特征的传播产品。

---

① 史景迁. 文化类同与文化利用 [M]. 北京：北京大学出版社，1997: 186.

② Carey J W. Communication as Culture[M]. New York, NY: Routledge, 1992: 24.

③ Burner J. Acts of Meaning[M], Cambridge, MA: Harvard University Press, 1990: 37.

我们可以从日常生活理论的基本观点中瞥见优化跨文化传播的思路框架。"日常生活"理论的提出者亨利·列斐伏尔（H. Lefebvre）认为，现代社会现实其实是由如下三个层次所构成的："顶峰是意识形态及其技术组织体系层次，中层是社会想象投射的抽象符号世界，最底层则是所谓实践与感性的层次。同一个物的社会现实，同时就存在着日常生活实践、想象与它所传达的意识形态三个平台。"① 由此可知，要形成关于意识形态层面的理解，符号想象世界和感性实践是必经的影响层次。

在传统媒体环境中，我们理解的日常生活，与媒体上的传播内容是相对割裂的。我们看到的媒体信息，通常反映了社会现实的中层和顶峰，充满了媒体加工过的符号，并反映了意识形态。而在传统媒体上，只有具备了显著性、时效性、新奇性、接近性这些基本要素的信息才能够得到把关人的选择，进而通过媒体进行传播。而在网络和社交媒体环境中，日常生活实践本身具备了传播的可能，并因其接近性和时效性普遍优于传统媒体，使得受众降低了对其显著性和新奇性的要求，也即在社交媒体上，人们更能接受无限趋近于日常生活实践的传播。例如，在YouTube、抖音海外版 Tik Tok 等视频软件上，我们可以看到大量反映日常生活片段的视频，这些视频虽然反映的是身边的事，生活碎片，但并未仅仅局限于生活本身，而是打通了原有的传播内容割裂的局面，常常通过生活碎片反映政治经济等硬新闻和民生中的大事件。从普通人而非媒体的角度在稀释着原有的通过传统媒体建构出来的想象。这种趋势使得国际传播的主要受众不再局限于以往因政治关注、经济合作、跨国旅行交流等生活内容而对他国信息产生接近性的精英人群。普通人也因远在千万里之外的他国普通人展示的日常生活而产生了信息共鸣，国际传播在科技和媒介的变化中，从阳春白雪成为日常生活实践中的一部分。

---

① 亨利·列斐伏尔. 日常生活批判：从现代性到现代主义：第 2 卷 [M]. 叶齐茂，倪晓晖，译. 北京：社会科学文献出版社，2018: 271-272.

社交媒体破坏了原有的传统媒体构建的想象维度，重构了新的更趋近于日常生活的想象环境。

二、新的跨文化传播逻辑：日常生活艺术化

在实践、符号想象、意识形态三个层面的日常生活理论基础之上，费瑟斯通基于列斐伏尔的研究提出了"日常生活艺术化"的重要观点。他认为，当代社会已经进入消费社会，投入感情的日常生活是消费社会最伟大的商品。他强调符号、影像对消费产生的重要意义，提出了艺术生活化、生活艺术化和现实影像化。费瑟斯通借鉴了布迪厄的"新型文化媒介人"概念来指代从事符号、影像生产与传播的专业人士，他们并非文化传播的被动接受者，而是在主动教育和培养受众。传播中的外来者为了打破原有符号阶级，会建立和使用新的符号，构建与自己利益一致的符号秩序。所以，他们将消费文化和文化工业生产的大量新风格、新体验的符号产品跻身于传统符号产品之中。一些热衷于向上一阶层攀爬的人会主动学习商品的文化和社会意义，学习如何恰当使用这些符号。作为大众的"消费偶像"，他们的审美倾向也影响大众的日常生活，创造出一批对新的符号更为敏感的潜在受众。[①]

在全球化背景下，由于信息流通能力的增强，艺术风格与作品能够快速在不同文化的民众中传播，新型文化媒介人将充满异域色彩的信息传递给受众。日常生活在传播中的强调，促进了不同文化间平等交流，也为现代社会中相对弱势的地方文化提供了发展机遇。在社交媒体推动的现代消费社会进程中，一个明显的趋势就是审美的快速传导和扁平化。社交媒体让不同文化间可以迅速共享同一种潮流。个性满足群体中往往会诞生更多的新型文化媒介人，他们既是跨文化间潮流共享的传播者，也是追随者。过去，日常生活艺术化的能力仅存在于少数新兴媒介

---

① 李娟．迈克·费瑟斯通后现代消费文化思想研究 [D].兰州：兰州大学，2011.

文化人，而现在，日常生活艺术化已逐渐成为普通人可拥有的能力，菲斯克所提到的"生产性受众"的人数在社交媒体时代正在呈几何级增长。

在社交媒体时代之前，如列斐伏尔提出的，日常生活经历了三个历史时期：一是近代之初开始到第二次世界大战结束之时，是日常生活与非日常生活领域的分化以及日常生活作为物质生活的相对贫困化时代；二是 20 世纪五六十年代消费体制与技术体制对日常生活的全面控制时代；三是 60 年代以后日常生活的被设计与符号化时代……日常生活的第一阶段是与自然融为一体的。资本主义忙于生产大炮、船只，还未关注日常生活。日常生活的第二阶段：技术革命已经取代了政治与社会革命，而资本主义已经掌握了日常生活这个社会革命曾经无法掌握的基础。日常生活的第三阶段是被完全媒体化了的。日常生活成为一个巨大的图像（景观社会）。[①] 而现在，社交媒体更全面地展示了这个图像。如果说传统媒体时代，日常生活是如电视剧、电影般从拍摄者这一个角度展示的，那么，社交媒体时代的日常生活就如同舞台剧，全方位展示，每一个细节都可被观看，每一个细节都是可被实时接收的信息。

在这样的一个环境当中，如果把国际传播实践当成销售给跨文化受众的商品，如何在艺术化竞赛中吸引更多拥趸，首先考验的是对于艺术化的需求解析、思路设计与素材加工。

第二节　受众需求解析：符号分类与重建

一、日常生活需求：区分、自恋、救赎

沃尔特·本雅明（W. Benjamin）指出："变幻不定的商品的景观起

---

① 亨利·列斐伏尔.日常生活批判：从现代性到现代主义：第 2 卷 [M].叶齐茂，倪晓晖，译.
　　北京：社会科学文献出版社，2018：128.

源于 19 世纪的巴黎拱廊,在那里摆放和陈列着所有那个年代的日用品,这种专门的收藏商店很快遍及巴黎,展览的日用品作为一种景观很快就成了觊觎的消费天堂……创造出一个用影像提供快乐、奢华和卓越梦想的社会。"① 本雅明认为,这些拱廊商场就是资本主义商品消费的原型殿堂。景观创造出的想象和商品结合的梦幻世界,不一定是为了立即达成消费结果,而是为了燃起消费者对消费商品的欲望和情感。

景观、梦幻世界、欲望和情感,这些通常会被认为直接对应着商业、商品消费,这种观点窄化了消费文化理论的应用范畴。实际上,消费社会激发出的欲望和情感,不仅限于此消费本身。日常生活理论中提到,处于不同消费文化阶段的消费者具备三种需求:基本区分需求、自恋需求,以及道德救赎需求。这三种需求既可表现为物质与商品消费中的需求,也可表现为精神与信息消费中的需求。而后者,则可用来作为设计传播产品的出发点。

1. 基本区分需求

消费文化是一种表面上平等但实际上体现新的社会分层的文化。消费社会的特征之一是人们更多地依据消费活动来确定自己的身份,而非依靠传统的阶级种族或性别的区分方式。对于处于物质满足的人群来讲,他们进入下一个消费文化阶段,亟须通过符号来完成新的"身份区分"。

在第二章我们提到了国际传播中的原生符号和建构符号,分析了在建构符号中,哪些是能够满足区分需求的符号,可以有效设计传播产品。用于满足基本区分需求的符号,应是"能指"和"所指"关系非常明了和固定的,也即所谓的"标准组件"。符号能够传递的信息,是为全社会所熟知和公认的,符合"意图定点",所以符号的需求者 / 消费者只需要简单使用符号来显示自己所希望成为的某种身份,进入某种阶层,没有必要担心符号带来的多重意义。

---

① 刘桃良. 对"日常生活审美化"的理论溯源 [J]. 曲靖师范学院学报, 2008(9): 26.

2. 自恋需求

消费文化在社交媒体上的渗透助长了人类的自恋需求。消费文化本质上是引导公众关注自我的文化，而现代社交媒体的技术发展进一步引导公众提高了对于自我的关注。处于符号满足阶段的人群，受消费文化影响最深，他们被媒体所操纵，沉浸于媒体所塑造的"景观社会"中。他们并不满足于基本区分，而是需要大量可以满足"自恋"需求的风格化消费的符号产品。

在第三章我们讨论过"差异化"和"差异化的进化"。根据"差异化的进化"观点，差异化从炫耀性消费向符号消费是一个进化过程，主要原因在于生产者/传播者不断借助大众传媒给商品赋予的符号意义，比对于物质的炫耀消费，更有差异化效用。由于符号消费需要通过遵循流行时尚的"追赶和逃跑"（Chase and Flight）理论而不断更新，再与消费者的自恋需求结合，"差异化的进化"就变得更加频繁和加速。

用于满足自恋需求的符号是具备"边缘性差异化"特征的。"能指"和"所指"间的简单明了的关系变得不确定，可产生多种解释。"意图定点"不再明确，也即所谓的"个性""小众""分众"等。符号可用于里斯曼提出的概念——"同辈群体"（即年龄、性别、收入、职业、爱好等基本一致的人群）进行细节上的区别。不同的大众传媒，可以给符号赋予不同意义，在不同环境中，符号有不同的解释空间。

如果要满足自恋需求，需要传播者细分传播符号，设计出指意不明的、不同人都可从中解读出"自己"的传播产品。在公共关系、心理学等学科研究中，有一个著名的"巴纳姆效应"。巴纳姆本是一个魔术师、表演者，大家发现他所表演的魔术非常受欢迎。有人问他秘诀，他的回答是："因为我的表演能让每一个观众从中找到自己感兴趣的部分"。这个秘诀也可成为现在社交媒体环境下的传播秘诀，值得传播者们细细品味。鉴于"巴纳姆效应"这个很适合传播学领域的关键词常被广泛用于解释星座分析，为减少干扰，本书给类似的效应起了一个新名称，称其为社交媒体时代的"万花筒效应"。在碎片化的传播环境中，在受众越来越多的自恋需求中，国际传播需要设计更多具备"万花筒"效应的传播产品，能够让国际受众各取所需，发现自己需要的部分。

3. 救赎需求

超越消费主义的群体认为他们超越了符号满足阶段，反对沉浸于消费符号中，转而追求符号之外的救赎。"自我完成、自我成就的消费概念①"，取代了消费的符号化现象。他们更加追求"心灵式"的享乐主义，即在消费符号之外，让个人能够进行关于"与世界和解"一类的自我救赎感的想象。

二、中国符号与现代日常生活的匹配

在消费文化理论中，消费符号化是典型的消费主义特征。对于中国国际传播中使用的中国符号，在学界和实践中都占有重要地位，被大量分析和使用。前文提到，日常生活的当前阶段是被媒体设计与符号化的时代，日常生活艺术化的一个不可或缺的步骤就是将看似平常的信息符号化。通过国际间的跨文化传播，可以使符号想象得到产生和延伸。

从消费文化视角重新审视中国符号，我们会发现，满足不同需求的符号如果错位使用，会产生适得其反的传播效果。尤其在信息过剩的时代，中国的文字符号、视觉符号的错位使用，产生的大量无效或负效果的信息被媒介技术快速传播到世界各地，累积形成了世界对于中国的新的"刻板印象"：一个古老符号与现代符号无序叠加的看不懂的中国。这是由于中国在国际传播中，虽然一直致力于建立和传递"和平发展、

① 堤清二.消费社会批判[M].朱绍文译.北京：经济科学出版社，1998.

求同存异、负责任的大国"的形象，但是在过去对于中国符号的主动使用或被动认知中，缺少了与消费文化中的原生符号的对比分析，缺少了从日常生活视角看待符号，解析符号，纠正误读的步骤。从建构主义理论视角研究国家形象的学者们认为，在符号互动理论基础上，微观层次的国家互动从各自私有知识的简单社会结构着手，经过社会学习，发展到了共享共同知识和文化结构的高度社会化的社会结构。国家行为体间的互动、信息传播产生和形成了国家间的"共有知识"（国际文化结构）。①我们可以认为，在消费主义文化全球传播的今天，基于消费的文化结构，依赖图文视听、跨媒介互动过的符号编码方式取代了旧有的民族、阶级文化，形成了国家间的"共有知识"。各国之间关于国家的各种符号竞争和信息编码的博弈，已经占据国际传播中的核心地位。这一点在美国以往依靠好莱坞、迪士尼等强消费主义方式进行的符号编码中，有过很好的体现。中国在国际传播中亟待借助中国特色消费文化的全球扩散，完成新的符号体系的重建，形成"共有知识"。

根据当代中国与世界研究院发布的《中国国家形象全球调查报告2018》，海外受访者认为，中餐（55%）、中医药（50%）、武术（46%）是最能代表中国文化的三类符号。发达国家受访者倾向于选择中餐作为最能代表中国文化的元素，而发展中国家受访者对中医药和武术的选择比例更高。其他上榜的类别依次为产品、传统历法节日、书法绘画、自然风光、孔子儒家思想、服饰、建筑、科技发明、文化典籍、音乐舞蹈、道教、曲艺杂技、文学作品、影视作品。②

这份报告中统计的是中国符号的类别，而没有具体到某一个单独的符号。在跨文化传播中，符号的解析是复杂的，哪怕是正面印象的符号

---

① 斯蒂芬·贝斯特，道格拉斯·科尔纳.后现代转向[M].陈刚等，译.南京：南京大学出版社，2002.

② 于运全，王丹，孙敬鑫.2018年中国国家形象全球调查分析报告[J].当代中国与世界研究院课题组.对外传播，2019(11):28-30.

类别,在传播(编码)中,也可能由于社会规范、观念体系、思维方式等原因产生认知(解码)偏差,出现新的负面印象,因此,还需要对单个符号进行具体分析。

例如,中餐是海外受众普遍持正面印象的中国符号之一,但是中餐烹饪时产生的油烟被视为不健康,那么,在面对不同消费文化的受众时应加以区分,面对身份满足、个性满足受众时,突出食材的新鲜难得、中餐的环境,可形成一种身份和魅力符号;而面对价值观满足受众时,突出中国地大物博、田园风光、回归自然的感觉,可形成价值观符号。例如,2012年播出的央视纪录片《舌尖上的中国》以普通民众的饮食和日常生活为内容,通过细腻、温情、朴素又生动的拍摄手法,加深了海外受众对于中国普通百姓生活的了解和认同。该纪录片销售到了东南亚、日本、德国、法国、比利时等20多个国家和地区,创下了4万美元一集的记录。《舌尖上的中国》从日常生活中的饮食小细节入手,将中华民族的传统思想以及与时俱进的现代化观念进行了有效传达。如介绍查干湖捕鱼情节时,重点展现了村民们自制渔网,只捕捞5年以上的大鱼,漏掉未成年的小鱼,这样保证年年有鱼,以此体现了中国人民"尊重自然,顺应自然,传承可持续发展"的理念。通过介绍粽子、拉面制作等的标准化流程以及生产工艺的科技创新,展现了中华民族将传统思想与现代科技有机融合,愿意吸收新鲜事物的开放、包容。整个纪录片以"天人合一""源头活水"等智慧和信念贯穿,以"润物细无声"的方式传递给了受众。对于满足跨阶层的受众需求有着很强的效果。

根据现代符号学理论,有学者认为符号的复杂性体现在符号具备任意性、模糊性、多变性、便捷性等特点。符号与指代对象之间并不存在必然的"再现"关系,即使在同一文化背景中,同一符号也可能有不同的含义。符号的任意性、模糊性、多变性在传统媒体的解读里,因媒体拥有者的意识形态、报道框架等原因,被有意利用,产生误读,而在新的融合媒介环境中,符号的误读更多来自于媒介使用者个体的认知局限。此外,现代互联网环境,放大了符号的便捷性,任意符号都可被随时重新编码、传播、解码。符号在传统媒介环境中,更多呈现的是文化特点。法国符号学家罗兰·巴尔特 (R. Barthes) 在 19 世纪 60 年代晚期游历日本后,曾经写作《符号帝国》一书,把日本人生活的方方面面,包括语言、饮食、城市建筑、节日、礼节、面容等都看作代表独特文化的符号。而在现代新媒介时期,符号则呈现出更加明显的群体标签化特点。或者说,在传统媒介环境中,国际传播中的符号信息用来反映群体的民族、文化特征;而融合媒介环境中,符号信息更多用来为圈层、个性化群体打标签,人们在选用不同符号时,更习惯用符号来代表自己的性格、圈层等,人们相对不排斥跨文化、异域符号。相对于在传统媒介环境中,中国符号的重建在融合媒介环境中有了更多有利的基础和便利。

三、从好莱坞电影、日本动漫等看符号的作用

在很多学者的研究中,好莱坞电影都会作为一个文化符号来助力美国传播国家形象的案例。我们从消费文化视角分析好莱坞的符号会发现,好莱坞不仅仅是文化符号,更是具备身份满足和个性满足特质的消费符号。好莱坞在全球的传播,不仅仅是传播了美国的文化,更带去了美国式的消费方式。在中国,好莱坞电影首先依靠"进口大片制"进入了中国市场,加速培养了 20 世纪 90 年代中国城市居民去电影院买票看电影的休闲式消费习惯,与过去的集体观影、教育型观影产生了明显区分。人们在电影中感受美国文化的同时,更直接的影响是来自于身边,来自于电影产业结构变化带来的居民生活消费方式的改变。同样的作用逻辑也适用于另一个美国符号"麦当劳"。西式餐饮在中国的传播,带来的不仅仅是饮食文化的改变,况且其对于中国饮食文化的影响非常有限。在 20 世纪 90 年代至 21 世纪初期,中国城市居民更多地将麦当劳视为

一种体现现代性的经济符号，麦当劳、肯德基、星巴克开在哪里，意味着哪个城市、街道足够现代时尚。

同样是影视文化产业，通常认为日本动漫也承担了塑造日本国家形象的角色。和好莱坞相比，日本动漫被认为是产业链更完整，在全球同类节目中的占有率更高。据统计，全球播放的动画节目约有60%是日本制作的，世界上有68个国家播放日本电视动画，40个国家上映其动画电影。[①] 日本动漫产业包含了动画制作、漫画出版、游戏和相关产业，比如服装、玩具、饮食、生活用品等。与好莱坞的电影产业相比，动漫产业以连载故事为多，对于受众的影响时长更长久。例如，中国年轻人喜欢的《火影忍者》从1999年开始连载到2014年大结局，共历时15年之久，伴随了很多人的青春年华，收获了大量粉丝。

对比好莱坞与日本动漫在国家形象传播中的角色和作用，许多学者认为，好莱坞的主要作用是在全球输出了西方文化，而日本动漫则更被认为是输出了日本的先进产业链和技术。一个有趣的现象是，人们在谈到好莱坞电影时，往往会提到好莱坞电影具有西方个人英雄主义、美国拯救世界、美国式民主和自由等价值观。而在提到日本动漫产业时，往往更多提到日本的服装服饰、生活方式、文化细节等，却很少提到日本动漫中传递出何种价值观。

好莱坞电影作为一种对外宣传的政治力量，在美国政界是不讳言的。早在冷战时期，美国一家著名电影公司的导演就曾声称，"我相信，美国影片是对共产主义最有效的摧毁力量[②]"。1961年10月，肯尼迪政府送给好莱坞一份备忘录，明确要求美国电影进一步配合政府的"全球战略"。[③]1994年，中国大陆引进了第一部好莱坞大片《真实的谎言》。

① 陈子萍.日本动漫年营业额达230万亿日元，日本动漫产业现状分析[EB/OL].前瞻网.(2016-04-17)[2019-12-20].http://www.qianzhan.com/analyst/detail/220/160415-78cd4b62.html.

② 刘永涛.文化与外交：战后美国对外文化战略透视[J].复旦学报（社会科学版），2001(3):10.

③ 李智.文化外交：一种传播学的解读[M].北京：北京大学出版社，2005.

1995 年，美国负责东亚和太平洋事务的助理国务卿韦德曼在参议院对外关系委员会发言中说："（文化产品）贸易不仅是创造财富的手段，它还是美国思想和理想借以渗透到中国人意识中的渠道；从长期看，它为美国的意识形态产业（诸如电影、激光唱盘、软件、电视）和使国际交流更为便利的产品（诸如传真机和互联网计算机）开辟市场，这些有可能使中国人的人权状况得到改善，从而发挥我们所有直接的和政府之间的努力加起来一样大的促进作用。"①

我们可以看出，正由于好莱坞电影被当作一种官方宣传的辅助工具，它所体现出来的符号特性是鲜明而容易被识别的，它的意识形态色彩是相对明显的。因此，在传统媒介环境里，它对大众具备一定的文化影响作用，一直被各国的精英警惕和批判。这种趋势到了新媒介环境中更为明显，随着大众的媒介素养提高，处于消费文化中的个性满足和价值观满足的受众，对于好莱坞传递的意识形态越来越清醒，并刻意疏离。个性满足受众认为好莱坞电影代表的是一种大众化的消费倾向，已经不足以作为个性符号满足自身需求。而价值观满足受众则更加与具备强消费主义色彩的美国式价值观保持距离。好莱坞电影虽然在传统媒体时代取得过成功，但在当今社会越来越失去了其作为文化符号进行美国文化和价值观输出的功效，其符号意义已经让位给其他能够满足受众需求的新符号，符号意义降级的好莱坞电影成为满足受众初级需求的一般产品。

再看日本动漫产业，则从一开始就不作为一种政治和意识形态传播的辅助力量。日本政府振兴推广动漫产业的背景是泡沫经济引发的经济萧条，当"制造的日本"遇到瓶颈期，诸多因素催生了日本文化产业的兴起，促使其转向"文化的日本"。虽然日本政府也多次提出要开展"动漫外交"，但是日本的价值观并未形成相对统一的符号或形象，植入到

---

① 胡惠林. 文化产业发展的中国道路：我国文化产业发展理论与实践研究 [M]. 上海：上海人民出版社，2004: 191.

日本动漫中,其推广的价值观是相对普世的,如团结、勇敢、进取、善良等。这与美国好莱坞大片中凸显的美国式价值观有明显不同。提到日本动漫,国际受众首先是从审美角度去感受日本动漫独特的美学风格。其次,"日本动漫艺术上成功的原因之一便是将日本独特的文化融入作品的方方面面,从便当的制作到回转寿司,从海军服到振袖,从学园祭到七五三,从神社到鸟居,日本人的生活以漫画和动画的方式得到全方位的细腻展示。"[1] 最后,日本动漫在走向全球的过程中,早期阶段所重点传播的是关于产业链、商业、经济、科技等方面的完整信息。日本动漫在全球受众中所被感知的核心形象是其先进的制作能力、现代产业链条的完善。综合以上三点,日本动漫中对于物哀等传统审美和文化价值观,通过暗线传递给受众,而明线传递给受众的是更普世的日常生活。因此,日本动漫在美学、文化差异较大的西方国家,也能够匹配到认同群体,迅速传播。在受众对于文化的需求越来越个性化的今天,日式审美作为一种个性满足的符号被更多人所接受。日本动漫文化中的"二次元""梦幻",与其在建筑、家居等生活美学中的"物哀""幽玄"理念,看似互相冲突,却受到了不同特定群体的追随。

同样是"造梦",好莱坞电影和日本动漫的不同在于,前者是以文化符号的面貌,推行美国的意识形态。利用媒介消费主义的形式,却忽视了对于消费文化符号的深度挖掘与建构。早期其利用消费主义全球扩散的红利期,利用消费主义对反消费主义的"海绵式"传播模式,取得了成功。而随着消费主义红利期的消退,好莱坞电影虽然在全球传播时仍具备强势、快速扩散的效应,但只能作为一般产品,满足受众的初级需要。随着全球消费文化中个性满足和价值观满足受众的数量不断增加,如不能实现符号升级,后续其对美国国家形象的正面塑造作用将受限。

日本动漫则是凸显其产业化的特征,以经济符号的面貌出现,在日

---

① 万柳. 日本动漫与日本物哀 [M]. 北京:中国传媒大学出版社,2015: 3.

常消费场景中进行文化、审美、经济等多元化渗透。在全球个性满足受众数量增多的趋势下，其早期传播中被受众忽视的文化魅力会被更深层挖掘，在动漫中持续表现的独特的日常生活场景被受众所关注并产生对日本的生活美学和消费美学的兴趣。如果从传播产品的角度分析，日本动漫并非一般产品，而是能够满足个性化需求的产品。如果对符号进行分类，日本动漫令很多人心甘情愿为自己打上"二次元"的标签，狂热追逐漫画人物服饰、昂贵手办等周边产品等，具备消费文化中个性满足型受众追求的标签类符号的特质。在2020东京奥运会的传播中，日本更是注重运用动漫在彰显个性化、标签化上的优势，不仅用9位受欢迎的动漫人物作为奥运会形象大使，更是发挥民间力量，给32个国家设计动漫人物形象，由于其出色的设计准确地体现各国文化特点，因此各国受众心甘情愿地认领了这些标签。

文化的融合被很多学者认为是非常困难的，甚至是不可能的，只可能体现为文化冲突。文化比较研究的创始人、荷兰学者吉尔特·霍夫斯泰德（Geert Hofstede）就提出，文化带来的更多的是冲突而不是认同。但是全球经济的一体化，生活方式的融合已经被认为是正在加速发生的。在大量传统的中国文化符号被误读的同时，我们也看到了一些值得期待的例子，比如在全球发展的跨境中国企业，正承担着新的消费符号的作用，在世界各地重复着好莱坞、麦当劳、日本动漫早期的影响路径。

为了更好地发挥符号在中国国际传播中的作用，减少误读，同时避免好莱坞电影的符号衰退效应，我们需将中国符号重新分类，重建符号想象。

四、中国符号的分类与重建

中国符号在以往的国际传播中，常被用来特指文化符号，用于展现文化、体现文化差异。国内学者的研究，也多着重分析文化符号对于国家形象的影响。蒙象飞的关于文化符号与国家形象的研究中对于文化符号的阐述有一定代表性,他认为,"所谓文化符号,是指一个民族、国家或地区长时间沉淀下来的文化资源的凝结式标识,是一个民族、国家或地区物质文化和精神文化的精华,反映了某个特定社会或社会群体特有的精神、物质、智力与情感等方面的一系列特质"[①]。许多学者的观点是,文化符号是精华、经过沉淀的,具备民族特性,能够产生强烈的民族自豪感的。从文化符号角度看,中国符号是孔子、长城、故宫、京剧、中医、功夫、水立方、奥运会、《孙子兵法》、大熊猫等。似乎唯有宏大的仪式活动,古老的文化遗产,标志性建筑才能成为代表中国形象的符号。有学者通过国内受众调研等方式列举出最具有代表性的中国文化符号包括:书法、篆刻印章、中国结、京剧、皮影、武术、太极、杂技、秦砖汉瓦、兵马俑、甲骨文、瓷器、红灯笼、四大发明、国画、熊猫、红旗、长江、黄河等。这类研究的问题在于无论如何排序,都只是中国文化符号的"内部竞争",而以上所有符号,在国际传播场景中出现的时候,外国受众的眼中都只会体现出一个标签——"中国传统文化"。我们没有从"他者"眼光对陌生的符号进行分类,也缺乏赋予符号可与"他者"共享的意义。

也曾有学者认为,应当大力推广中国现代文化,特别是现代科技进步、社会核心价值体系等,但由于在媒体传播中过于强调国家实力和意识形态差异,在传播中也被国外受众简化解码,体现为一个容易让国外受众认为与己无关的标签——"他国崛起",进而被联想成中国威胁论、资源消耗大国、暴发户等。

2011年,《中国国家形象片(人物篇)》在纽约时报广场亮相,循环播放的60秒视频里,中国各行各业的明星、精英人物以群像出现。

① 蒙象飞.中国国家形象与文化符号传播[M].北京:五洲传播出版社,2017:146.

这一符号化的展示，收到了国内外不同的效果反馈。国内有的学者高度肯定其作为"国家公关"的创新性，也有很多学者认为该短片在符号方面选择不当，选择的中国名人外国人未必认识，众多陌生面孔一闪而过，难以引起外国受众的兴趣和共鸣。官方希望用这些符号传递的"美丽、自信、财富、发展"的理念并没有被正确解码，而是被认为"看不懂、自大"。美国有线电视新闻网（CNN）曾毫不客气地指出，这些形象代言人令美国人对中国人产生"更多的是恐惧，而不是友谊"。[①] 显然，明星、精英的面孔，这种依赖于认知、辨识的符号，只能在公众对此已有认知的基础上，唤醒认知。除了极少数全球超级偶像，大多数某一国的精英人物，都达不到让国外公众产生与己的情感关联的效果。经过多年的传播探索，进入到"中国故事"传播期，国内传播对于符号的选用吸取了过去的教训，更具备普世性，同样是对于国家形象的诠释，2019 年陈凯歌的电影《我和我的祖国》就使用了护旗手、小男孩、修表匠、出租司机等大量普通人、小人物作为符号，去展示大时代大背景。

再对比西方的视角，我们可以发现，西方媒体在选择中国符号时，更倾向于选择能够与国外受众产生情感关联的符号。比如英国广播公司（BBC）2016 年拍摄的系列纪录片《中国新年》（Chinese New Year: The Biggest Celebration on Earth）。他们在纪录片中选择的中国符号包括：春运、春晚、传统技艺打树花、冬季捕鱼、长寿面、白酒、饺子、烟火等，全片共分成了三集，用这些符号表现了三种人类共通的情感："回家""团圆""欢庆"。五位英国记者走入热闹的菜市场，走入普通市民家中，就连在春晚也没有拍摄所谓的主角，而是走入后台，关注一个个普通的群众演员。我们可以看到，西方媒体在展示他国最宏大的仪式时，选用消费文化中最普通的饮食、交通、娱乐等作为符号，力图建立起受众对于

---

① 何平华. 论传播语境、价值取向与国家影像的符号表达：兼谈"国家形象公关时代"的对外传播策略 [J]. 新闻记者，2011(8):9-13.

陌生文化的"共有知识"。越是日常的符号，越是自带标签化属性。例如，片中两位英国记者在市民家中喝中国白酒，他们将自己很自然地贴上了"爱喝白酒的人"的标签，并以此标签引起不同受众的共鸣，完成跨文化传播。

近年来，我们的对外传播机构和纪录片制作者们已经发现，在不同的消费文化社会中，饮食文化都是跨文化传播的有力符号，制作出了包括《舌尖上的中国》《味道中国》《一城一味》等一系列饮食纪录片。这些都是从消费文化视角进行传播符号选择的尝试。

新的媒介环境给受众心理带来的变化是"去中心化""去权威""日常化"，强调"从用户体验出发"。因此中国符号的界定不仅仅是精华的、经过历史沉淀的"文化符号"，而更多也应是"日常视角"的，考虑其作为消费文化标签的符号意义，并从此角度进行分类与重建。

来自北京的对外传播官、受访人 W 在北京奥运前后带领团队开展了大量跨文化传播活动，积累了丰富的中国符号选择的经验。她提到："我们展示一个非遗文化产品，景泰蓝啊，泥人啊，印花布啊，往往觉得给你看个成品就行了，但是外国人更感兴趣的是它的整个制作出品过程，他们喜欢看这个过程，觉得过程更有趣，更有吸引力。"[1] 这其实体现出了中国符号的两种不同类型。我们在过去的传播中习惯于展示未经加工的"文化符号"，而忽略了将其赋予更深层次的符号意义。未经加工的景泰蓝、泥人、印花布，对于国外受众来说，仅仅是一个认知类符号，认知到中国有这样的文化形式。而经过精心设计的制作过程展示，如同一个沉浸式体验产品，通过每个人对产品的不同互动，产生个性化感受，变为带有个人特色的符号。这是一个典型的"日常生活艺术化"的过程。我们需要变"中国制造"为"中国体验"，形成新的符号产品。换言之，

---

① 受访人信息与主要观点参见附件。

中国文化本身是初级符号，与受众需求结合才能变为具备跨文化传播力的新符号。

再如，"故宫"由于其独一无二的文化地位，本身是强有力的跨文化传播符号。以往我们在进行对外传播的时候，认为只要将"故宫"的建筑外形、历史展示出去，即可取得中国形象的成功建构和认同效果。而如今越来越细分化的受众需求更加需要的是个性化、跨领域、多角度的传播产品。比如故宫近年来开展的文创产品开发和一系列跨界合作，与饮料食品、化妆品、家居生活用品等品牌合作，让历史、文化从宫里走入寻常百姓家。很多国外的旅行者到了北京，即使没有去故宫参观，但是在市内的商店、机场等地，也愿意购买一个有故宫元素的矿泉水、奥利奥饼干、行李牌等作为日常使用，在这个过程中，故宫符号成为具备潮流意义的个性符号。故宫文创产品是一个个性标签。而纪录片《我在故宫修文物》传递出的中国工匠精神，使其具备了一定的价值意义。

同样为传统符号增加标签意义和价值观意义的还有敦煌研究院的敦煌诗巾——一个基于 H5 技术的个性化丝巾制作项目。敦煌藻井高踞石窟顶部，保存较完好，但很少有人抬头注意到这个文化遗产。敦煌藻井多达四百余顶，绘制十分精致，是敦煌图案中的精华。设计团队通过定制化设计给产品打上个性标签，同时为丝巾消费者赋予"数字供养人"的意义，让每个人通过购买丝巾为文化遗产的保护出力。我们将在后续案例分析中，对这些符号案例进行详述。

对于符号，研究者们有各种不同的分类方式。美国当代美学家苏珊·朗格（S. Langer）把符号分为两种，"推理符号"和"表象符号"。前者是表现概念的论述性符号，后者是表现人的内心世界情绪的显示性符号。国内部分研究者从国际传播的角度，把中国符号分为官方符号与民间符号。认为官方符号是宣传导向的，民间符号是去政治化的。隋岩提出了以"强符号"进行国际传播。强符号的特性是：1. 代表当代主流但非强意识形态；2. 传播的持久性；3. 能指形式的独特性，即要有差异化和美感的视觉冲击力；4. 社会利用率高，即媒体出现率高、人际传播使用率高；5. 意义的唯一性、不变性，即产生了价值认同，可以唯一对应某种意义所指。①

我们认为，根据"日常生活艺术化"的思路，从"区分、自恋、救赎"三种需求出发，重新分类中国符号，针对社交媒体环境下的受众——基本需求受众、个性需求受众和价值观需求受众，中国符号也应分为三个大类：满足基本需求的认知符号；满足个性需求的标签符号和满足价值观需求的价值观符号。该分类方法打破了原有的符号分类方法，每一类中都既包括语言符号、文化符号，也包括经济符号、媒介符号及其他符号。

认知符号：用于满足基本需求的符号，应是"能指"和"所指"关系非常明了和固定的。包括国外受众对于中国的基本认知，包括文化表象认知、经济发展水平认知、意识形态认知、社会价值体系认知等。认知符号意图定点明确，不易引发多重含义的解读。

标签符号：用于满足个性需求的符号是具备"差异化"特征的。"能指"和"所指"间的简单明了的关系变得不确定，可产生多种解释。"意图定点"不再明确，也即所谓的"小众""分众"等。受众接触符号后会产生一定的身份或个性化向往，希望用来满足更高层级的区分需求。标签类符号会同时具备正面或负面解读，但是在不同群体中的正负面解读产生对冲，呈现出多元化特点。

价值观符号：能够在跨文化环境中产生或促进价值观认同的符号。一部分反消费主义文化的群体认为他们超越了符号满足阶段，反对沉浸于消费符号中，转而追求符号之外的价值救赎。针对这部分受众，中国

① 隋岩. 符号中国 [M]. 北京 : 中国人民大学出版社 , 2014.

符号带来的理念意义和价值认同感尤为重要。

表 5-1　中国符号的分类（示例）

符号类别		常用符号
认知类符号	传统文化	汉字、故宫、长城、敦煌、兵马俑、龙、凤、京剧、书法、水墨画、瓷器、武术、孔子、孙子兵法、中医药、太极、民乐、茶叶、白酒、丝绸之路等
	现代文明	春晚、夏冬季奥运会、华为、淘宝、支付宝、快递、共享单车、高铁、微信等
	名人明星	全球有一定辨识度的当代中国名人
标签类符号	身份标签	高等学府、高端时尚品牌等
	荣誉标签	"文化使者""海外传播官"等
	个性标签	汉字字形、音乐、影视剧、文学等
	群体标签	各国当地民众熟知并追随的当地华人华裔、社群领袖、社交网络红人等
价值观符号	传统价值观	"和"文化、天人合一等
	现代价值观	一带一路倡议、"创业创新"精神等
	领袖人物	有国际影响力的中国领导人、科学家、慈善家、企业家等

以上为三类符号的细分和常用符号示例，仅列出部分，未能穷尽。三类符号之间存在着跨类型演变的可能，认知类符号可以通过编码，改造为标签类符号和价值观类符号。例如，汉字"和"作为语言文字，是认知类符号；但是如果将汉字"和"的字形作为艺术符号设计到服装等个性产品里，就变为标签类符号；如果将汉字"和"的起源、传承等进行解读和阐释，就具备了价值观符号的特性。总体来看，如果符号在传播中的释意主要着眼于物品本身，可视为认知符号，着眼于特征、品牌等层面，可视为标签符号，着眼于理念层面，可视为价值观符号。

直接照搬挪用认知符号，将其作为初级符号使用，是我们过往常见的一些做法。而在当前消费文化环境中，将认知符号、标签符号、价值观符号按需使用，灵活多变地设计传播产品，方可满足国际受众的多元化需求。

（图片说明：与认知符号不同，标签符号是具备"差异化"特征的。受众接触符号后会产生一定的身份或个性化向往，希望用来满足更高层级的区分需求。）

第三节 受众需求满足：国际传播的产品化策略

前文分析了日常生活中的"区分、自恋、救赎"需求，根据需求提出了中国符号的分类。本节将讨论重建后的认知、标签、价值观三类符号，用于实践（即传播产品的创造和生产）的基本思路：国际传播产品化的策略。并将国际传播产品分为一般产品、标签产品和价值观产品，以下将选取国际传播实践中的相关案例，分析验证三种传播产品的适用性。

一、符号与传播产品的对应关系

（一）认知类符号与一般产品

认知类符号可用于创造和生产国际传播中的一般产品，这种传播产品可适用于物质满足人群。一般产品包括：政治、经济、文化的说明类信息、跨境企业的官方介绍信息、跨境的一般商品等。一般产品过去是我们对外传播的主要输出产品，而今后应作为对外传播的基础素材，并非经过深加工的成品。如同真实商品市场一样，任何市场都存在大量一般产品，没有品牌附加值，也因此没有区分度，人们对于产品的生产者本身没有偏好，仅用于满足使用需求。

（二）标签类符号与标签产品

标签产品即适用于身份满足和个性满足社会的国际传播产品。标签产品的作用是产生想象，针对不同消费满足社会输出不同标签，达成不同的满足效果。国际传播中的标签产品如同商品市场中的"名牌"一样，需要大众媒介的深加工，赋予各类想象，增加魅力值。让消费者/受众产生"我愿意贴上这个标签"的心理。

例如文化是标签产品国际传播的重要因素，创造和加工各类文化标签，可以进一步为符号消费提供价值烘托，在传播中延续对于中国文化的想象和认同。

（三）价值观符号与价值观产品

价值观产品即适用于价值观满足群体的国际传播产品。价值观产品的作用是吸引、精神引领和价值内化。可以将其比作商品品牌中的品牌内涵和品牌文化，人们在消费此类商品时，会认为自己即使没有消费实物，也与品牌产生了共鸣，可以形成强烈的认同感。价值观产品瞄准的是具有话语权的精英阶层，因此需要通过对发展与和谐的长期反思，为此类人群营造清醒感和救赎价值，设计符合反消费主义、平等、共赢等理念的传播产品。

早在20世纪后半叶，在西方文化受后现代主义广泛影响的时候，一些东方语境的价值观符号开始在西方获得积极关注，例如禅宗。它为西方当时的文化、情感、社会问题提供了新的描述语汇。它的传播背景是部分精英群体对于战争、机械化、异化的厌倦和反思，转而探究比技术更为"神圣"的东西，这一系列理念符号包括"达摩""道""轮回""冥想""内在体验"等。这一理念符号深入了西方主流文化，在好莱坞的《星球大战》中，通过绝地信条和尤达大师来表现了禅宗的形象。

在当前背景下，我国的价值观产品传播主要以中华文化价值观为内核，尤其是以共享、共存、共荣等为代表的"和""仁"等文化精神，力图在全球治理体系中提供中国智慧。将传统文化与现代文化、精英文化与通俗文化、民族文化与国际文化整合在一起，通过文化浸润心灵，在保持中国特色的基础上，实现与全人类的共同价值理解和共鸣。在价值观产品的传播中，应立足于以受众为中心的平民视角和叙事方式，增加互动性和对话性，通过文本创新和路径创新，实现价值观的社会化渗透。例如，对于人类命运共同体中的文明共同点的挖掘等。将中华文化和世界文化在形成和发展过程中的影响和互动展现出来，增加认同的更多可能性，来促进国际社会对中华哲学、美学等的深层次认知，由此将符号消费行为进行内化，以适应价值观满足群体的需求。

二、传播产品的案例分析

案例1：故宫、敦煌等古迹的符号的新解读和产品升级

在我们过去的传播中，会认为"故宫"本身是一个具备很强的跨文化传播力的符号。人们来到故宫参观，是因为被中国文化所吸引。因此，我们在进行国际传播的时候，认为只要将"故宫"的建筑外形、历史展

示出去，即可取得形象的成功建构和认同效果。而从日常生活的角度出发，在全球化时代，国外的受众来到一个国家的历史古迹参观，仅仅是"旅行"的一个必选动作，满足的是他的基本区分需求，而非差异化需求。越来越细分化的受众需求更加需要的是个性化、跨领域、多角度的产品。比如故宫近年来开展的文创产品开发和一系列跨界合作，与饮料食品、化妆品、家居生活用品等品牌合作，让历史、文化从宫里走入寻常百姓家。很多国外的旅行者到了北京，即使没有去故宫参观，但是在市内的商店、机场等地，也愿意购买一个有故宫元素的矿泉水、奥利奥饼干、行李牌等作为日常使用，在这个过程中，故宫符号成为具备潮流意义的消费符号。文创产品的跨界合作使故宫从一般产品升级到了标签产品。

纪录片《我在故宫修文物》，抛弃了过去传统的解说文物、展示文物的叙事方式，以平等视角来展现文物修复师的普通生活，就是在这种日常的语境中，文物变得不再冰冷，而是与修复师有血肉的关联。精湛的技艺蕴含在朴拙生活的"精致"和"匠心"，呈现出一个个认真生活、工作的人。纪录片传递出的中国工匠精神，使其具备了一定价值观满足的条件。

同样符合价值观产品的还有敦煌研究院 2018 年的两个产品。第一个是为传递文物保护意识，将为敦煌壁画上色的操作设计为与王者荣耀合作的一款 H5 游戏。《王者荣耀》是由腾讯游戏开发并运行的一款手游，其海外版名为《Arena of Valor》，自 2017 年 8 月在海外市场上架后，月流水稳定在 3000 万人民币左右，已积累了超过 100 万海外用户，是很好的海外传播渠道。腾讯与敦煌研究院合作，设计出一款 H5 游戏，引导游戏用户通过简单的操作，体验敦煌壁画的剥落过程。游戏中为了真实还原壁画，更好地传播文化遗产的美学价值，制作团队用了 3 个月的时间，从敦煌的五个朝代 40 个洞窟中，选出了 10 幅有代表性的敦煌壁画，重绘了线稿，制作了 2000 多个素材。第二个产品是敦煌诗巾，一个基于 H5 技术的个性化丝巾制作项目。敦煌藻井高踞石窟顶部，保存较完好，但很少有人抬头注意到这个文化遗产。敦煌藻井多达四百余顶，绘制十分精致，是敦煌图案中的精华。为了让更多人知道这个宝贵遗产，制作团队将敦煌藻井的概念延续到丝巾上，以"层"的叠加变化创作丝巾图案。8 款主题图案，近 200 组装饰元素，经由设计师对图案的再创作，符合当代审美。这个产品给丝巾消费者赋予"数字供养人"的意义，让每个人不仅能设计制作出独一无二的丝巾，也能将自己制作的图案进行线上收藏，并通过购买丝巾为文化遗产的保护出力。

在我们过去对于故宫、敦煌、长城、天坛等古迹的国际传播中，一直存在着将认知类符号以及与认知类符号对应的一般产品，当作传播力更强的标签产品和价值观产品的误区，缺少对于产品的设计升级，使之满足差异化进化的需求。以上两个案例提供了产品升级的思路。

案例 2: 跨国企业英文网站: 仅具备使用价值的一般产品

中国的跨国企业，是进行产品国际传播的主力。从企业自发进行的国际传播来看，利用互联网进行国际传播是企业首选。有研究针对中国 500 强企业如何进行互联网国际传播进行了分析，主要是基于企业英文网站设计和文化适应。分析发现，在具有完整英文网站的企业中，数量最多的四个行业是制造业、金融业、房地产、批发与零售业。这也与中国 500 强企业在国际市场的行业占有率有直接关系。[①]

以制造业中的四个重点知名企业的国际传播为例进行分析。第一个是福耀玻璃，它是目前全球规模最大的汽车玻璃专业供应商，其英文网站设计与中文网站差别不大，采用的是标准化营销策略，即在全球范围

---

① 戴鑫，胡尹仪，刘莉. 中国 500 强企业如何在互联网上做国际传播：基于网站设计与文化适应的视角研究 [J]. 新闻与传播研究，2019(4):29.

内采用同样的传播内容和方式，文化维度与东道国适应程度较低。原因是，汽车玻璃作为零部件，在全球市场范围内的差别不大，同时，福耀玻璃出口市场主要为欧美、日韩等发达国家，使用统一化的标准营销策略是可行的。更重要的是，该企业已经在上述海外市场设立工厂，进入海外生产阶段，国际网站对其销售战略起到的支撑作用不明显，因此不必在英文网站上花费太多精力。二是吉利汽车，目前在中国、瑞典、英国、西班牙、美国等地设有研发中心，也在国外设有汽车整车生产工厂，全球化程度较高。该公司英文网站采用的是模糊化策略，即英文网站与中文网站差异度高，但与东道国的本土文化适应度仍较低。因为吉利汽车销售的是整车，国际目标客户既有企业等机构组织，又有个体消费者，需要使用差异化的英文网站进行产品营销，同时，针对集团旗下的沃尔沃品牌，吉利采取了独立运营的方式，需要通过适应多元文化背景下的全球多个细分市场，淡化国家背景的模糊化策略正好适合。三是潍柴动力，主业是动力总成、整车整机、智能物流，该公司产品市场遍及全球110多个国家，在海外设立了500多个维修基地。潍柴动力在英文网站传播方面采取的是标准本土化策略，即中英文网站设计差异不大，但与东道国的本土文化适应度较高。原因之一是该公司的产品既有整车，又有汽车零配件，因此采用标准本土化策略，既能满足购买整车的客户的基于不同文化背景下的个性化需求，也能满足企业等机构购买汽车零配件时的标准化需求。与此同时，该公司通过贸易、本土化生产、兼并收购、技术输出等方式拓展海外市场，通过标准本土化的传播方式，能够实现本土沟通与全球标准双重需求的最大化满足。四是宇通客车，该公司近年来积极拓展海外市场，客车销售至欧洲、北美、拉美、亚太等多个国家和地区。宇通客车在海外传播采取的是本土化策略，即中英文网站设计差异大，与东道国本土文化适应度高。原因包括宇通的整车销售遍及几大洲，文化差异较大，需要通过本地化开发拓展市场，建立多种不同语言的国际网站。在公司企业文化中，公司高层多次表示要通过本土文化融合，实现有效沟通。

目前我们的很多研究统计，都将企业的英文网站作为国际化工作的一个重要统计指标，以证明企业的"出海"传播力。以上案例表明，跨国企业的英文网站，作为一般产品，基本上是无差别地在全球市场使用。特别是 B2B 类型企业的英文网站，仅具备使用价值，而不具备消费符号属性。

案例 3：手机游戏的海外传播：充分本地化的标签产品

中国目前有着世界规模最大、增长速度最快的手机游戏市场。在全球市场中，中国的手游产业正在异军突起，在世界范围内产生不可忽视的影响力。据《2017 年中国游戏产业报告》显示，中国自主研发网络游戏海外市场销售额达 82.8 亿美元。[①] 以《王者荣耀》《阴阳师》为代表的中国手游已经在国外取得不俗的市场成绩。手机游戏进军海外，成为中国企业海外营销的一个新特点。

例如《王者荣耀》为开发海外市场，腾讯公司采用了多元化的传播策略。除传统营销模式外，采用"彻底本地化"的发行战略，以快速进入当地市场。针对部分亚洲市场、欧洲、北美市场中的不同国家，开发设计了从人物、场景、界面、剧情都不相同的多个版本，针对细分市场进行详细设计。还购买了 Detective Comics 公司的蝙蝠侠、超人等英雄形象的使用权，力图将各个国家受众的兴趣点——破解。除游戏的核心玩法相似外，上述海外市场的不同游戏版本实现了完全的本土化。

《阴阳师》在海外营销中则比较重视当地渠道建设，如利用日本的 LINE、韩国的 kakao games 游戏应用，上述两个应用在当地都有较高的用户装机率。同时，重视广告推广，在进入日本市场时，在电车车厢设

---

① 中国音数协游戏工委，伽马数据，国际数据公司 .2017 年中国游戏产业报告 [EB/OL]. (2017-11-29)[2019-12-20]. http://www.xinhuanet.com//info/2017/11/29/c_136786870.htm.

置大幅广告，在韩国市场邀请本地人气明星作为代言人，开展线下线上同步宣传。营销策划团队将高质量的音乐、画面、声优等作为形象进行宣传，使用户收到轰炸式的洗脑宣传。

国产手机游戏作为现代受众的日常陪伴产品，具备充分的海外传播潜力，游戏中的形象、场景对于玩家有着较强的魅力值，并具备标签符号特性。网络游戏公司从经营目的出发的本土化，为中国元素与国外消费符号结合创造了有利条件。与之类似的还有前文提到过的中国网络小说的海外传播。

案例4：李子柒：跨需求阶层的传播产品

李子柒，是近几年一位现象级的视频博主，她的视频呈现了中国西部的乡村生活，具体内容主要是食物制作、服装缝纫和家居制作。在视频中，她亲力亲为地参与乡村农活，从五谷时蔬等食材种植、作物的浇灌到收获、酱料调料的配制、棉麻纺织和布料印染、女工工具等，呈现了乡村食物、器物制作全过程的加工演示以及桃花源式的田园生活。观众跟随她的镜头，仿佛能够亲身体验乡村生活的春华秋实、夏耘冬藏。这也是她的视频的最大特点。

李子柒的视频首先在微博上呈现火爆式的传播，她目前在海外微博上有超过2 000万粉丝，其视频阅读量平均每期都超过千万。同时，她的视频在Youtube上有超过700万粉丝，在全球形成了空前影响力，甚至超过《纽约时报》等西方媒体巨头的粉丝数量。视频粉丝遍布全球各个国家和语种，目前发布的107期视频中，点击量最高的一期已超过4000万次，全部视频累积观看次数已经超过9亿次。尽管她在视频中几乎没有语言介绍，视频内容也没有配英文字幕，但来自英语、法语、俄语等多语种的粉丝留言却对她的视频表达了对中国传统文化的欣赏，同时称赞她的勤劳、聪慧，自动自发对她的视频进行二次传播，有媒体认为李子柒已成为华人世界全球影响力最大的视频博主。

负责李子柒视频海外传播的是一家叫 WebTVAsia 的公司，根据 WebTVAsia 提供的数据，李子柒 YouTube 频道订阅排名前六名的国家分别是越南、美国、印度、印尼、泰国和菲律宾。其中美国占订阅总人数的 11.15%。[①]

李子柒的视频所呈现的内容，是充满中国山水意境和田园之美的乡村生活，正好切中了国外民众对中国文化的窥探心理和意境想象。法国媒体 L'AND 撰文称，生活在中国四川乡村的李子柒，出品各种以"自己动手"为主题的治愈视频。无论是动手烹饪还是打造家具，这位年轻女性的所有作品都围绕着中国传统工艺展开[②]。

李子柒的"没有字幕"的视频，用了一种"世界都能听懂的语言"，即她的真实生活。在偏远的中国西部乡村，有一个人用追溯古代传统田园的生活方式来表达对于城市化进程的反思、对于乡愁逝去的感伤。东方文化中令人好奇的美食制作、古老技艺、祖孙相处的亲情温馨、不在意得失的慢节奏生活，所有的文化符号组合在一起必然产生连锁式的传播效应。这与此前中国在世界的一般形象，如"世界工厂""超快节奏""大干快上"等，形成了强烈反差，无形中也契合了目前在世界范围内年轻群体逃脱社会压力的内心诉求，不同文明、不同价值观在此产生了交汇点，在"润物细无声"的过程中形成了中国文化和世界的价值共识和情感共鸣，不带预设传播目的地自动实现。这比带着明显的动机预设传播目标，然后再生搬硬套罗织内容形成的产品要好得多。

李子柒的视频产品，是一种标签产品，也是一种跨需求满足层次的

① 刘裴蒂. 李子柒的"出海"战略 [EB/OL].(2019-12-24)[2019-12-25]. https://www.sohu.com/a/362555900_828358

② 秋狸. "网红"李子柒海外爆火 法媒：完美的中式"归园田居" [N/OL]. 欧洲时报，2019-03-06[2019-12-26]. http://www.oushinet.com/ouzhong/ouzhongnews/20190306/315377.html.

传播产品。形成了万花筒效应，让各个满足阶层的人群都能各取所需：物质满足群体可以从中找到食物烹饪、田间日常这些"标准组件"；符号满足群体可以从中找到中国传统服饰、美丽的女性、如画的风景等自己喜爱的标签符号；价值观满足群体可以从中找到对于原生态、环保、避世、自我成就等符合消费伦理和自我实现的价值观。

案例 5：国际对话平台中的价值观产品

气候变化、环境保护在国际传播议题中占据着越来越重要的位置，联合国气候大会已经成为在国际上塑造国家形象的重要平台。2009 年，在哥本哈根召开的联合国气候变化大会，成为近年来国际气候传播中的大事件，来自 180 多个国家的 5000 余名记者参与了大会。此次大会也成为中国在环境议题方面国际传播的典型案例。

来自中国发改委、气象局、环境部、科技部等各政府机构的人员，"中国民间组织国际交流促进会""中国科学技术协会""中国前外交官联谊会"等带有国内官方性质的 NGO、"山水自然保护中心""自然之友"等民间环保 NGO，以及 40 余家新闻媒体的近百名记者参加了会议。

在环保议题的国际传播方面，NGO 和以媒体为代表的企事业单位，通过与政府机构进行频繁互动，发挥了主要作用。中国政府设立了"新闻与交流中心"，多次举行新闻发布会，组织官员、学者、企业组织等与国际媒体及国外公众互动交流，发布会最多时有近 80 家中外媒体参加。中国 NGO 也加强了传播建设，综合使用多种传播手段，如中华环保联合会主办了《拯救地球·中国力量》圆桌论坛，"COP15 中国青年代表团"举行艺术化主题活动警示气候变化危险。中国企业家在会议期间发表了《中国企业界宣言》，首次向世界清晰表达了中国企业界在环境保护问题上的承诺和立场。中国媒体还积极开展国际合作，如《经济观察报》与英国《卫报》等全球 5 家主流媒体策划和起草了共同社论，在大会开幕当天同步发表。这些非政府组织、企业和媒体的活动,通过复合式构建传播,不仅积极传播了中国环保立场,弥补了官方环境外交的单调谨慎,而且提高了中国在国际环保议题上的话语权,使中国环保主张得到更多国际关注和支持,有国外媒体称"此次会议上中国的公众外交表现出了不同寻常的自信"。

通过积极参与环境议题的国际传播与国际社会以及他国组织和公民的环境沟通,使中国更多地融入全球环保潮流中,最终实现价值的共通、共融。未来应推动更多环保议题的设置、环保公益产品的传播,提高我国在国际环境议题中的话语权,发挥更大作用。

2017年5月,"一带一路"国际合作高峰论坛在北京举行,数十位外国元首、政府首脑及联合国等国际组织领导人,共商"一带一路"合作大计,探讨共同发展、合作共赢之道。中央电视台在此背景下,聚焦"一带一路"倡议中的共建和共同繁荣等理念,制作了《一带一路,共创繁荣》公益视频片。该公益广告片,以左右分屏和上下分屏的形式,向受众展示了在中国、希腊、巴基斯坦、斯里兰卡四个不同地方、不同肤色的小孩通过各自不同轨道,将各自的玩具相互连接起来。如视频中的中国小孩手持玩具火车,玩具火车顺着轨道冲到右边画面,变成了沙特阿拉伯的麦加轻轨;另一画面中,左图希腊小孩手拿玩具船轻轻一推,小船顺着水漂过去变成了右图在大海上航行运输的货船。随着视频播放,从左右分屏变成了上下分屏,下屏是舞者跳舞的脚步,上屏是正在(欧洲)渔市搬运海产的渔民,上下屏一起旋转舞动。最后,变成四个分屏,中国、希腊、印度、泰国四个不同地方,不同肤色的小孩将自己的玩具船、玩具赛车、玩具老式火车,通过不同轨道的相互连接,玩具顺利通过轨道,孩子们都开心地笑了起来。视频以分屏方式,将不同空间的世界巧妙地连接起来,力图向世界人民展现中国对"一带一路"倡议的美好愿景，并期待能够引起世界人民的认同与共鸣。

案例 6：全球公共卫生事件中的价值观产品

2019 年 12 月底至 2020 年初，新型冠状病毒肺炎疫情暴发。由于病毒感染人数在 2020 年 1 月迅速上升，中国各地政府采取了严厉的控制外出、停工停产停学等管控措施，因此对于整个国家的经济产生了重大影响。2020 年 1 月 30 日世界卫生组织（WHO）宣布新型冠状病毒感染的肺炎疫情已构成国际关注的突发公共卫生事件。至此，全球其他国家开始重视这场疫情，由此也产生了大量官方和民间的传播信息。

在主流媒体上，国外媒体在传播疫情信息时出现了很多基于意识形态、甚至被认为是种族歧视的报道。例如，《华尔街日报》（WSJ）发表题为"中国是真正的亚洲病夫"（China: the Real Asia Sick Man）的文章。对此言论，中国外交部发言人耿爽于 2020 年 2 月 10 日的记者会上称中国"已提出严正交涉"。还有部分外国媒体报道称中国建设的收治病患的方舱医院是"集中营"。这些报道体现了一些国外媒体在固有意识形态框架下，一贯将中国政府塑造为不透明、不公开的形象。

除了惯常的利用官方新闻发布会、外交途径对国际社会进行回应和传播外，在社交媒体环境下，本次疫情的国际传播呈现出了日常生活化的新特点，并出现了一些"价值观产品"。

首先是社交媒体上的受众自发地对于不当报道的抨击。在《华尔街日报》报道不久，同为美国媒体的美国全国广播公司（NBC）网站就发文称"社交媒体用户猛烈抨击了该文章，因为它重现了一种过时的刻板印象，而对一种严重疾病的暴发轻描淡写"。[①] 受众在社交媒体上的积极发声，体现了关注西方主流媒体的受众群体在面对涉及人类共同利益等价值、伦理问题时表现出来的价值观满足倾向。

---

① 王盼盼.《华尔街日报》刊文妄称中国是"真正的亚洲病夫"中方回应 [EB/OL]. (2020-02-11)[2020-02-14]. https://world.huanqiu.com/article/3wyuOKH6SUB.

其次，在官方舆论场之外，本次疫情的国际传播以社交媒体为主要影响渠道。大量信息内容发源于国内的抖音、快手等社交媒体，由于这些内容贴近生活，承载了民间的乐观、智慧、幽默感，受众自发将其搬运到 YouTube、Facebook 等国际社交媒体上，引发了国外受众的兴趣和共鸣，也获得了国外主流媒体的报道。这些报道、互动评论与原信息一起，被国内主流媒体拿来再次生产，形成了新的报道，用于国内传播。例如，2020 年 2 月 15 日《人民日报》新闻联播的微信公众号都转载了一篇文章，内容是关于"外国媒体说方舱医院是'集中营'，而患者在里面乐观地跳广场舞"。文章中选取了多个来自于社交媒体的视频动图，真实记录了普通人在医院内跳舞的瞬间。在官方新闻发布会上，也曾提到患者在方舱医院里练太极的事例。"广场舞"和"太极"本是一般符号，而在疫情肆虐的背景下传递出了乐观、积极的意味，从认知类符号升级为理念类符号。在民间自发的传播中，仅仅是作为日常生活瞬间的记录，但是官方媒体赋予其更鲜明的价值观意味，使其成为价值观传播产品，以满足受众在特殊时期的价值观需求。

疫情期间，在社交媒体上还出现了大量普通人自发制作的反映中国人在居家期间各种各样的消磨时间的图片和视频，如用葵花籽拼贴的米老鼠，家庭自制魔术和套圈游艺，孩子们在家装扮成怪兽和恐龙等。当这些信息被放到国际社交媒体上后，国外受众给予了大量积极、正面的评论，例如"中国人并没有失去他们的幽默感""太有创意了""我非常喜欢"等。其中葵花籽米老鼠等由于和国外文化的强关联，还被路透社等国外主流媒体报道。这些民间传播中的轻松互动与官方舆论场中的严肃和互相批评，形成了鲜明对比。这些碎片化的传播信息，即是被艺术化了的日常生活，其中可提炼出大量的标签符号、价值观符号，在官方推动的再生产中，作为形成个性产品和价值观产品的优质素材使用。

案例 7：北京冬奥会国际传播：日常视角的应用①

2022 北京冬奥会刚刚落下帷幕，站在各种立场、各种维度的评论和总结就扑面而来。彭博社在一篇以《中国能让自己变得更可爱吗？》的文章中，援引了《中国软实力》的作者——美国佐治亚州立大学政治学副教授玛利亚·列普尼科娃女士对采访主持人所说的一段话："北京冬奥会期间，中国实际上收到的负面报道要比我预期的少。写这本书的时候，我认为北京冬奥会将面临抵制的声音。但我没有料到北京冬奥会是以一种有条不紊和严加控制的方式进行的。外国记者生活在闭环中，与外界接触较为困难。中国也没有试图像 2008 年那样证明自己，而是在没有太多争议的情况下迅速有效地结束了冬奥会，我认为在这个意义上它成功了。"

事实上，2022 北京冬奥会和冬残奥会自筹办以来，中国始终面临着部分国外媒体的诸多固定报道框架和刻板偏见。新疆"种族灭绝"等所谓"人权"问题、"不派官员出席"、人造冰（雪）、严苛的疫情防控等议题轮番被炒作，意图形成国外受众对北京冬奥会的负面标签化印象。特别是冬奥会接近开幕时，更有国外媒体通过从政治角度解读"一起向未来"口号、中国代表团出征宣誓口号等正常的话语文本，强行将其与意识形态关联，对外制造出北京冬奥会向世界宣示中国的"强硬"和"控制"的舆论氛围，从而达到通过抹黑、歪曲甚至造谣，形成世界舆论对中国的负面印象。

在当前全球政治经济大背景下，国外媒体用其固有的意识形态框架解读北京冬奥会，报道负面议题是这些媒体的"必选动作"。在整个北京冬奥会筹办期间，境外传统媒体和社交媒体上的议题调性基本一致，围绕"人权"等问题炒作不断，留给正面报道的空间少之又少，仅限于体育类媒体发布的冬奥会带动中国体育产业发展、冬季项目运动员备战

---

① 本书作者曾将此案例发表于 2022 年 2 月 15 日《对外传播》公众号上，此处有修改。

等常规话题，除运动员、体育爱好者等利益相关者外，这些正面报道难以触及普通受众。

正如上文提到的国外研究者所言，在冬奥会开幕之前，中国承受了巨大的负面舆论压力。而当北京冬奥会赛程过半后，社交媒体与传统媒体上的舆论氛围和传播环境就先后发生了明显变化。本次北京冬奥会的传播，无论是官方主动传播还是媒体报道，均使用了大量的日常视角，让本次北京在冬奥会期间，中国国家形象变得有些"不一样"，甚至出乎一些外国学者的预料。

（1）"审美化的日常"冲破意识形态框架

首先是冬奥会开幕后，大量以日常视角的素材通过运动员、代表团成员以及媒体记者自身的社交媒体发布出来，而这些比传统媒体报道更具亲和力和共鸣性的"接近性"素材，以不同的承载形式迅速得到传播，也从另一个角度表达了大众对北京冬奥会组织工作等多方面的认可。

其次，本次开幕式的创意、形式展现、内涵精神的表达，均呈现非明星的"大众""日常化"的艺术表达。恰是这样的表达，让囿于固有框架的西方媒体，也出现了一些标题与内容几乎完全不搭的自我矛盾式报道。美国沃克斯新闻网（VOX）以"为什么冬奥会开幕式感觉有点奇怪"为题，报道中写道："开幕式将人民放在首位，没有著名歌手或演员表演。演员规模约 3 000 人，其中大部分是普通青少年，这样的情况第一次在奥运会出现。开幕式与疫情暴发以来中国所传达的信息保持一致——通过志愿者和基层工作者的不懈努力，所有人团结起来共渡难关。他们全力执行的防疫政策现在看来非常成功。一种田园式的雪花美学主导了整个开幕式，张艺谋显然不是在强调每一片雪花的独特性，而是在表达对平静祥和的春雪的期盼。很容易想象，这一切都是对全球观众的共性隐喻，因为所有人都在等待新冠肺炎疫情的结束——'雪'的到来。"可以看出，文中虽夹杂着固有的意识形态表述，但其对于开幕式艺术的描述又不得不准确地依附在日常视角上。

尽管仍有部分国外媒体在报道开幕式时，有意将重点放在维吾尔族火炬手上，甚至弃用对平昌冬奥会、东京奥运会等大型国际赛事的常规报道角度，刻意淡化了对开幕式中高科技、绿色环保等元素的报道。但与此同时，志愿者的服饰、吉祥物、奥运村里的春联和虎年装饰等日常生活中的艺术化、审美化元素，乃至奥运会志愿者热情友好的接待，还是通过运动员第一视角的视频传播出来。

《华盛顿邮报》在开幕式前的一篇报道充分展现了传统西方对华报道的意识形态框架，文章称"冬奥会在哪里举行已经意义不大。这仅仅是顽强地按照时间表举行罢了"。而社交媒体上诸多对中国春节和开幕式中国美学的自发传播，让此类传统媒体惯用的意识形态框架显得苍白和乏力。在不可阻挡的全球化浪潮下，无关意识形态框架下的审美认同感，是各国人民建立沟通的桥梁之一，也成为打破刻板偏见最有力的方法之一。可以说，本届开幕式提供了减少跨文化中的信息杂音、信息误读的范例。

（2）"情感化的日常"丰富核心议题

除社交媒体外，在北京冬奥会开赛后，越来越多传统媒体上的正面内容成为国际舆论场中的亮色。其中最具代表性的是日本电视台记者辻冈义堂，因为疯狂追星冰墩墩在中日两国社交媒体上爆火，电视台甚至将他的出镜画面的人名字幕都改成了"义墩墩"，他也因这一昵称在中国受到了民众的喜爱。辻冈义堂更是把新闻直播做成了"带货直播"，让这个可爱的北京冬奥会吉祥物捕获不少日本民众的爱心。辻冈义堂在出镜时毫不掩饰"真爱粉"身份：身穿"冰墩墩"服装、证件带上挂满"冰墩墩"徽章、手举"冰墩墩"玩偶。在日本电视台连线直播节目上，

"义墩墩"还多次给观众"骄傲"展示他胸前越攒越多的"冰墩墩"徽章。可以说，义墩墩不仅带火了冰墩墩，而且也以一种"日常情感"恰到好处的融入，让北京奥运会的报道变得更加情感真实与客观正面。

在奥林匹克赛事中，志愿者也是重要的标识之一。志愿者和工作人员是默默无闻的保障者、支持者，他们在过去很少成为大型赛事报道的主角。而在北京冬奥村，很多国际媒体如赛事内幕、美联社等都把关注点放在了志愿者和工作人员身上，发表了多篇以志愿者为报道对象的文章。美联社在 2022 年 2 月 13 日的一篇报道中称"为了让国外运动员在中国顺利参加冬奥会，并减少感染新冠的危险，冬奥会工作人员正作出了巨大的牺牲"。共通的情感、人性的共鸣，已经让北京冬奥会核心议题变得丰富和多元化，承载了人类更多美好的情感和精神层面的价值。

情感流露，往往是人们最真实的感受表达，基于人们情感化的日常信息，则完全可以丰富国际传播的议题，让传播内容更容易实现跨文化理解、认可和自然而然地接受。

（3）"亲历的日常"展现格局与自信

环境问题、比赛场馆设施问题、后勤保障服务问题，一直是历届奥运会的舆论热点，而此类问题最有力的回应者就是运动员们以及亲历者们。

以首钢大跳台为例，这个赛前热度不高的工业园区新建设施，赛时却成为了各国运动员喜爱的景观，持续不断地被各国运动员、教练员们在社交媒体上分享、盛赞的同时，也收获了主流媒体的多篇正面报道。德国《明镜周刊》称首钢大跳台是冬奥赛场的建筑典范，堪比"工业迪士尼乐园"。《明镜周刊》写道："你可以责怪本届冬奥会主办国中国的很多事情，几乎是所有的事情，但在工业废墟中建设滑雪设施是为数不多的和北京冬奥会有关的值得认可的事情之一。国际奥委会已经把奥运会变成了一个产业。因此，首钢滑雪大跳台正好代表了奥运会的发展方向：工业园区背景下的产业。"彭博社在其报道中，也称首钢大跳台所在园区展现了中国在城市建设方面做出的努力，以及治理空气污染和实现净零排放的成效。此外，当韩国媒体批评奥运村的餐食时，土耳其等多国运动员在其社交媒体上大晒奥运村餐厅美食，"豆包""韭菜盒子""烤鸭"等中国传统餐食，成为社交媒体顶流，连日本媒体也发表了多篇认可冬奥村餐食的文章。这种让亲历者更多展现自己的经历与体验的交流方式，也从另一个角度体现了其日常视角中亲历后的真心发现和欣赏。

开赛前期，针对北京冬奥会严格的闭环措施，境外媒体几乎全是负面报道，甚至不惜恶意推测、横加指责。开赛后，随着部分核酸检测阳性的运动员开始在社交媒体展现"隔离生活"的日常，传统媒体也开始进行了跟进报道。德国《时代周报》在对隔离中的运动员采访中写道："诺兰·西格特表示他被隔离在一家酒店中，每天会有戴着防护衣、面具、手套的工作人员前来送餐并进行核酸检测以及每天两次体温和脉搏检查，他还表示工作人员都很友好，他每天会读一些书，偶尔接受采访。"

敢于让参与者展现"亲历的日常"，对于北京冬奥会赛程过半后的舆论变化起着重要作用。这种亲历声音的大量传播，在国外社交媒体上形成了情感共振。

（4）越是宏大叙事，越需要日常视角：既要"站得高"，又要"看得平"

双奥之城——北京，从"同一个世界，同一个梦想"到"一起向未来"，中国再度向世界发出邀请，相约开启人类命运共同体的未来之路。在复杂的现代文明交往中，体育是跨越文明形态的共通语言。奥林匹克运动更是寄托了人类文明的乌托邦梦想。

北京冬奥会是在百年变局、世纪疫情之下拉开帷幕的。全球新一轮新冠肺炎疫情风险持续扩散,大国关系处于剧烈重构之中,区域冲突此起彼伏,经济全球化遭遇"回头浪",全球治理面对各种忽然奔袭而至的不确定性因素,"文明冲突论"再度甚嚣尘上……

这些涉及人类命运的宏大主题与微观化的社交媒体环境相碰撞,有阻力也有火花。当前我们做国际传播,既要"站得高",又要"看得平"。单一宏大视角定会受限。北京冬奥会的国际舆论变化正体现了国际传播的新趋势:社交媒体的传播特性让审美化、情感化和亲历的日常视角具备突破传统媒体报道框架、转换核心议题的效力,让跨文化传播有了更多新意和可能。

本章小结

在融合媒体环境中,在受众需求细分化趋势中,对于中国符号的研究和重新分类,从原有的单一的文化意义中剥离,可以帮助传播者实现传播产品的转型升级,设计出更多具备差异化满足功能的产品,使国际受众自愿使用中国符号为自己贴标签,找到群体,形成跨文化认同。本章用 7 个案例作为示例,初步讨论了日常生活视角下国际传播产品创造和设计的可行性和适用性。

结　语

　　自 1978 年改革开放以来，中国的国际传播相关研究和主动实践已经进行了 40 余年，成果不胜枚举。而无论在研究中还是实践中，提到最多的一类词还是"困境""阻碍""无效""误解"等。诚然，在此期间，外交界倡导了"公共外交"、公共关系界倡导了"对话"意识、新闻界倡导了"影像"与"故事"、传播界倡导了"元语言"等各具突破性的概念和路径，但相较于中国的经济、科技、媒介环境的变化，国际传播方面的进展缓慢。

　　2009 年至今的十几年中，中国的经济、科技、媒介环境剧变，经历了无数个概念上的"元年"：社交媒体元年、互联网商业化元年、O2O 元年、直播元年等。消费社会化进程与媒介消费主义倾向影响了社会生活的方方面面。这种宏观环境变化带来的公众心理和需求的微观变革，首先反映在我们身边，反映在国内公众的生活中，进而传导到中国与国外交流互动的各个领域中。在这一进程中，互联网科技和相关企业不但充当了改变社会生活的先锋，也在有意无意之间充当了跨国传播的先锋。这让我们必须思考，传统的国际传播能够从互联网模式中学到什么？同是跨国、跨文化的信息扩散，效果却差异明显，以传统媒介为主要依赖渠道的方式，与以互联网科技为依赖渠道的方式，区别究竟在哪里？在互动交流时代，对于受众需求的理解无疑是答案之一。

越来越碎片化的媒介环境使得传统媒介渠道的传播力量减弱，与之相对的，是一个个个体的凸显。在与媒介的互动模式中，个体需求、细分化的群体需求不再可以被忽略，而是一种强大的力量反馈在传播中。互联网时代的媒介越来越成为一种从受众需求角度出发，不断更新换代的产品。媒介适应受众的速度之快，与以前不可同日而语。从这个角度看，在媒介渠道有限、主流媒体强势的时代，传播研究是一种媒介研究，媒介是有力工具，当研究者研究清楚一种媒介的运营方式、组织架构、传播方法、传播特性等，就掌握了这种工具。

互联网时代，媒介更新迭代速度远高于媒介研究速度。若要让研究跟上实践，甚至对实践有指导意义，就要从源头出发，尝试研究和理解相对固定的"受众需求"。互联网时代的传播，更是一种社会学研究。经济带动了社会变革，传播研究也需与经济结合来研究社会的生产与消费关系。消费文化的全球化和中国的消费社会化进程是本书的宏观背景；国内外消费文化相关研究是理论依据；互联网科技带来的媒介变革和受众心理的变化是本书从单一传播研究转向社会学分析、需求满足分析的环境背景；中国国际传播的过往实践、关键岗位相关人物的主要观点、国内外相关数据、案例是本书的分析文本。

在新的媒介环境中，"人"的角色被凸显，社会学、心理学等领域的研究方法、研究成果对于传播学研究，特别是对于更为困难的国际传播、跨文化传播研究是一个新的思路，如果能够恰当使用，相信能够起到很好的作用。本人在新闻传播行业从业近二十年，参与了多个行业的传播培训与咨询工作。在此过程中，感受到了传统的传播研究框架和方法在实践中应用时的艰难。例如研究中很多受访者提到的从"一张蓝图走天下"的粗放型传播一下子跨越到"一国一策""精准传播",在实践应用层面有着诸多困难。

本书缘起于笔者从业经历的经验假设,由于在工作中一直偏重给出"临床型"策略,这种传播方法论的假设存在很强的主观意识。在验证消费满足与信息消费行为之间的关联这个基本假设时,还缺乏更充足的数据和更严谨的论证。虽然在研究中尽量注意到采用多种研究方法,让研究尽量科学、客观,但由于笔者的研究水平、精力所限,本书在理论梳理、数据质量、案例分析等各方面都还非常初级、粗浅。比如,研究中用于进行社会满足类型分析的分析量表,其原始数据的选择、权重设定的科学性等都有很大可优化的空间。再如,本书的受访者中,很多是亲身经历了中国国际传播的历史大事件的关键人,他们的岗位重要、经验丰富,提供了很多宝贵的一手资料和真实观点,但是由于本人能力所限,对于这些资料的使用并不充分。受人口素质提升和媒介基础设施飞速建设的影响,中国国际传播正处于发展红利期,近年出现了非常多可供研究的国际传播实例,本书只选取了其中的极少数进行了浅尝辄止的分析,其实这些案例每一个都值得深入研究,单独成文。

最后,本书仅仅提供了一个新的分析思路,未来的研究可以延伸的主题和方向还有很多。例如:消费文化与传播效果有何可量化的关联?中国的消费文化与全球消费文化是否存在一致性的趋向?中国消费满足群体与传播目的地国的主流人群在媒介使用上存在何种差别?人数较少,但传播资源使用能力强的价值观满足群体应该更加被重视,在传播实践中获得更多倾向,还是应平衡照顾更广大的群体?本书提出的"履带式传播"效应是否能够在中国社会环境中适用?5G时代来临,社交视频传播中的价值观符号如何设计和使用?以上这些问题,有待在未来的研究中继续探讨。

参 考 文 献

一、专著、报告类（按首字母排序）

[1] 安东尼·吉登斯.现代性与自我认同 [M].赵旭东，方文，译.北京：三联书店出版社，1998.

[2] 贝尔.资本主义文化矛盾 [M].赵一凡，等译.北京：三联书店出版社，1992.

[3] 彼得·斯特恩斯.世界历史上的消费主义 [M].邓超，译.北京：商务印书馆，2015.

[4] 戴维·皮尔斯.现代经济学辞典.宋承先，等译 [M].上海：上海译文出版社，1988.

[5] 戴延年，陈日浓.中国外文局五十年大记事：第 1 册 [M].北京：新星出版社，1999.

[6] 堤清二.消费社会批判 [M].朱绍文，译.北京：经济科学出版社，1998.

[7] 段鹏.国家形象建构中的传播策略 [M].北京：中国传媒大学出版社，2007.

[8] 古斯塔夫·勒庞.乌合之众：大众心理研究 [M].冯克利，译.北京：中央编译出版社，2005.

[9] 哈里·哈丁.柯雄，译.美中关系的现状与前景 [M].北京：新华出版社，1993.

[10] 汉语大词典简编 [M].上海：汉语大词典出版社，1998.

[11] 赫伯特·马尔库塞.单向度的人：发达工业社会意识形态研究 [M].刘继，译.上海：上海世纪出版集团，2019.

[12] 亨利·列斐伏尔.日常生活批判：从现代性到现代主义 [M].叶齐茂，倪晓晖，译.北京：社会科学文献出版社，2018.

[13] 胡惠林.文化产业发展的中国道路：我国文化产业发展理论与实践研究 [M].上海：上海人民出版社，2004.

[14] 居伊·德波.景观社会 [M].张新木,译.南京:南京大学出版社,2007.

[15] 雷蒙·威廉斯.关键词文化与社会的词汇 [M].刘建基,译.北京:三联书店出版社,2005

[16] 李智.文化外交:一种传播学的解读 [M].北京:北京大学出版社,2005.

[17] 李智.中国国家形象:全球传播时代建构主义的解读 [M].北京:新华出版社,2011.

[18] 林白鹏.消费经济辞典 [M].北京:经济科学出版社,1991.

[19] 刘继南.国际传播与国家形象:国际关系的新视角 [M].北京:北京广播学院出版社,2002.

[20] 马克思恩格斯全集:第 46 卷 [M].北京:人民出版社,1979.

[21] 马斯洛.动机与人格 [M].许金声,等译.北京:华夏出版社,1987.

[22] 蒙象飞.中国国家形象与文化符号传播 [M].北京:五洲传播出版社,2017.

[23] 莫少群.20 世纪西方消费社会理论研究 [M].北京:社会科学文献出版社,2006.

[24] 齐美尔.时尚的哲学 [M].费勇,译.北京:文化艺术出版社,2001.

[25] 乔舒亚·雷默.中国形象:外国学者眼中的中国 [M].沈晓雷,等译.北京:社会科学文献出版社,2008.

[26] 让·鲍德里亚.消费社会 [M].刘成富,等译.南京:南京大学出版社,2014.

[27] 三浦展.第四消费时代 [M].马奈,译.上海:东方出版社,2014.

[28] 史景迁.文化类同与文化利用 [M].北京:北京大学出版社,1997.

[29] 斯蒂芬·贝斯特,道格拉斯·科尔纳.后现代转向 [M].陈刚,等译.南京:南京大学出版社,2002.

[30] 檀有志.国际话语权视角下中国公共外交建设方略 [M].北京:中国社会科学出版社,2016.

[31] 万柳.日本动漫与日本物哀 [M].北京:中国传媒大学出版社,2015.

[32] 王宁.从苦行者社会到消费者社会 [M].北京:社会科学文献出版社,2009.

[33] 吴金海.消费的时间隧道:消费社会理论重构与中国社会消费理解 [M].北京:中国社会出版社,2019.

[34] 吴瑛.中国声音的国际传播力研究 [M].上海:上海交通大学出版社,2016.

[35] 杨魁,董雅丽.消费文化理论研究:基于全球化的视野和历史的维度 [M].北京:人民出版社,2013.

[36] 张明,等.中国海外投资国家风险评级报告 2018[R].北京:中国社会科学出版社,2018.

[37] 赵毅衡.符号学原理与推演 [M].南京:南京大学出版社,2016.

[38] 周宪.文化研究关键词 [M].北京:北京师范大学出版社,2007.

[39]　山崎正和．軟らかい個人主義の誕生：消費社会の美学 [M]．東京：中央公論新社，1987.

[40]　BURNER J. Acts of Meaning[M], Cambridge, MA: Harvard University Press, 1990.

[41]　CAREY J W. Communication as Culture[M], New York, NY: Routledge, 1992.

[42]　GEERT H. Culture's Consequences: Comparing Values, Behaviors, Institutions, and Organizations across Nations[M]. 2nd edition. USA: Sage Publications, 2001.

二、期刊文章、会议论文类（按首字母排序）

[1]　蔡骐，刘维红．论媒介化社会中媒介与消费主义的共谋 [J]．今传媒，2005（2）.

[2]　陈先红，秦冬雪．公关生态论视角下的"一带一路"朋友圈战略 [J]．国际传播，2019(1).

[3]　褚金勇．全球化背景下中国电影的国际传播：从电影《战狼 2》的海外冷遇谈起 [J]．电影评介，2018(6).

[4]　崔远航．"国际传播"与"全球传播"概念使用变迁：回应"国际传播过时论" [J]．国际新闻界，2013(6).

[5]　戴鑫，胡尹仪，刘莉．中国 500 强企业如何在互联网上做国际传播：基于网站设计与文化适应的视角研究 [J]．新闻与传播研究，2019(4).

[6]　当代中国与世界研究院课题组，于运全，翟慧霞．2014 中国企业海外形象调查报告 [J]．对外传播，2014(10).

[7]　当代中国与世界研究院课题组，翟慧霞．2019 年度中国企业海外形象调查分析报告——以拉美五国为调查对象 [J]．对外传播，2020(1).

[8]　高晓虹，赵晨．新时代国际传播的任务与思考 [J]．对外传播，2018(1).

[9]　郭艳．赴澳大利亚投资尽职调查必不可少 [J]．中国对外贸易，2016(7).

[10]　郭镇之．多元一体讲好中国故事 [J]．对外传播，2018(9).

[11]　何平华．论传播语境、价值取向与国家影像的符号表达：兼谈"国家形象公关时代"的对外传播策略 [J]．新闻记者，2011(8).

[12]　胡正荣，李荃．推进媒体融合，建设智慧全媒体，提升国际传播能力 [J]．对外传播，2019(5).

[13]　姬德强，杜学志，等．坦赞铁路的集体记忆调查：代际分化及其对中国对外传播的启示 [J]．对外传播，2017(10).

[14]　贾敏．中国企业海外形象再创造：观察与案例 [J]．对外传播，2015(6).

[15]　姜飞，张楠．中国对外传播的三次浪潮（1978-2019）[J]．全球传媒学刊，2019(2).

[16]　姜飞，姬德强．发展中的中国国际传播思想及其世界意义 [J]．出版发行研究，2019(11).

[17] 寇佳婵.央企走出去中的传播实践：以东南亚地区为例 [J].对外传播, 2019(1).

[18] 赖玉钗.日常生活中的美感传播：评析"日常生活美学" [J].新闻学研究, 2010(10).

[19] 李继东,李阿茹娜,金明珠.提升中国企业国际传播力的思考和建议.对外传播 [J], 2018(9).

[20] 廖秉宜,李海容.中国企业海外声誉与国家形象建构研究 [J].对外传播, 2017(9).

[21] 刘桃良.对"日常生活审美化"的理论溯源 [J].曲靖师范学院学报, 2008(9).

[22] 刘笑盈.时空三段式：中国形象的新解读 [J].对外传播, 2008(9).

[23] 刘滢.2019 年国际传播理论与实践创新 [J].新闻与写作, 2020(2).

[24] 刘钊.全球化语境下中国国际传播的结构性变化 [J].新闻与写作, 2014(1).

[25] 陆地.周边传播理论在"一带一路"中的应用 [J].当代传播, 2017(5).

[26] 栾轶玫.人工智能对国际舆论的影响 [J].对外传播, 2018(10).

[27] 孟建,史春晖.中国对外传播迷思与拐点：试论中国对外传播的区隔化传播 [J].中国新闻传播研究, 2017(1).

[28] 邵培仁,沈珺.构建基于新世界主义的媒介尺度与传播张力 [J].现代传播, 2017(10).

[29] 史安斌,张耀钟.新中国形象的再建构：70 年对外传播理论和实践的创新路径 [J].全球传媒学刊, 2019(6).

[30] 孙卫华,刘卫东.流行文化中的软实力较量 [J].新闻知识, 2012(2).

[31] 唐润华,曹波.人类命运共同体视阈下中国对外话语体系的时代特征 [J].现代传播, 2019(7).

[32] 陶东风.消费文化语境中的身体美学 [J].马克思主义与现实, 2010(2).

[33] 涂鸣华,李彬.新中国成立 70 年对外传播思想的回顾和展望 [J].对外传播, 2019(6).

[34] 王宁.从节俭主义到消费主义转型的文化逻辑 [J].兰州大学学报(社会科学版), 2010(3).

[35] 王晓德.现代消费主义对发展中国家的影响及其后果 [J].世界历史, 2009(3).

[36] 王昀,陈先红.迈向全球治理语境的国家叙事："讲好中国故事"的互文叙事模型 [J].新闻与传播研究, 2019(7).

[37] 韦路,左蒙.新世界主义的理论正当性及其实践路径 [J].浙江大学学报（人文社会科学版）, 2019(5).

[38] 吴飞.共情传播的理论基础与实践路径探索 [J].新闻与传播研究, 2019(5).

[39] 相德宝,张弛.议题、变迁与网络：中国国际传播研究三十年知识图谱分析 [J].现代传播, 2018(8).

[40] 徐盟．从大洋洲频道接收看中国电视国际频道的传播效果 [J]. 现代视听，2014(9).

[41] 姚远．拉进中国工程报道与非洲受众的心理距离 [J]. 对外传播，2019(1).

[42] 于运全，王丹，孙敬鑫．2018 年中国国家形象全球调查分析报告 [J]. 对外传播，2019(11).

[43] 喻国明．构建国际传播的基本理念 [J]. 新闻与写作，2013(10).

[44] 张昆，王孟晴．国家品牌的内涵、功能及其提升路径 [J]. 学术界，2018(4).

[45] 张昆，张宇．企业家是展示与传播国家形象的新名片 [J]. 今传媒，2016(5).

[46] 张萌，赵永华．新公共外交视域下国际受众成像与信息结构解析——基于“一带一路”议题的受众访谈和扎根分析 [J]. 宁夏社会科学，2019(8).

[47] 张一．提升当代中国价值观国际传播力的战略着眼点 [J]. 理论与评论，2018(9).

[48] 章晓英．中国对外话语体系建构：一个叙事学视角 [J]. 国际传播，2019(1).

[49] 赵永华，孟林山．时局、外交与对外传播思想：新中国成立 70 年的演进 [J]. 对外传播，2019(6).

[50] 赵永华，孟林山．叙事范式理论视域下讲好中国故事的路径分析 [J]. 对外传播，2018(8).

[51] 赵月枝．国家形象塑造与中国的软实力追求 [J]. 文化纵横，2013(12).

[52] 郑兴刚，徐峰．使用与满足理论视阈下的马克思主义大众化路径探析 [J]. 理论月刊，2011(10).

[53] 钟新，令倩．从塑“强国”形象到讲“好国”故事：“一带一路”国际传播的重点转向 [J]. 新闻与写作，2019(7).

[54] 周雷．及物传播：科技应为跨国传播的“新语汇”[J]. 对外传播，2018(2).

[55] 周庆安，聂悄语．认同构建与制度转型：中国对外传播 70 年的新制度主义研究 [J]. 全球传媒学刊，2019(6).

[56] 周树春．自觉把握新时代国际传播的特征规律 [J]. 对外传播，2019(12).

[57] 朱鸿军等．中国对外传播 40 年回顾 [J]. 对外传播，2018(12).

[58] 朱艳慈，刘永新，侯立松．“中国制造”海外形象结构层面的内在机理研究．中国集体经济，2018(2).

[59] 邹建华．外交部新闻发布会幕后 [J]. 世界知识，2005(6).

三、学位论文类（按首字母排序）

[1] 董天策．消费时代的中国传媒文化研究 [D]. 成都：四川大学，2006.

[2] 贾育楠．阿拉伯媒体中的中国跨国民营企业形象研究：以华为公司为例 [D]. 上海：上海外国语大学，2019.

[3] 江大庆. 澳大利亚报纸上的中国产品品牌形象研究：以澳大利亚人报为例 [D]. 武汉：华中科技大学，2015.

[4] 李娟. 迈克·费瑟斯通后现代消费文化思想研究 [D]. 兰州：兰州大学，2011.

[5] 秦静. 国外纸媒涉华气候变化报道中的中国国家形象研究（2007-2017）[D]. 华东师范大学，2018.

[6] 钟馨. 1976-2001 年中国对外传播史研究 [D]. 武汉：武汉大学，2010.

四、电子数据库（按首字母排序）

[1] 国家统计局网站国家数据查询 [DB/OL]. http://data.status.gov.cn.

[2] International Monetary Fund [DB/OL]. https://data.imf.org.

[3] Word Bank Open Data [DB/OL]. https://data.worldbank.org.cn.

五、网络资料类（按首字母排序）

[1] 陈子萍. 日本动漫年营业额达 230 万亿日元，日本动漫产业现状分析 [EB/OL]. (2016-4-17).[2019-10-18].http://www.qianzhan.com/analyst/detail/220/160415-78cd4b62.html.

[2] 非洲晴雨表. 西方眼中的"新殖民"，非洲人自己怎么看 [N/OL]. (2017-05-13). [2019-11-18].https://www.guancha.cn/feizhouqingyubiao/2017_05_13_408086.shtml.

[3] 刘裴蒂. 李子柒的"出海"战略 [EB/OL]. (2019-12-24). [2020-03-02].https://www.sohu.com/a/362555900_828358.

[4] 青山资本. Z 世代定义与特征：青山资本 2021 年中消费报告 [EB/OL].(2021-7-14).[2021-08-05].https://xueqiu.com/6820991332/191282791.

[5] 秋狸."网红"李子柒海外爆火法媒：完美的中式"归园田居"[EB/OL]. (2019-03-06).[2019-11-10].http://www.oushinet.com/ouzhong/ouzhongnews/20190306/315377.html.

[6] 王晨. 在国务院新闻办新闻发布会上的谈话：以更加开放的姿态向世界说明一个真实的中国 [EB/OL]. (2008-12-30).[2019-05-04]. http://www.scio.gov.cn/xwfbh/xwbfbh/wqfbh/2008/1230/document/309091/309091.htm.

[7] 王盼盼.《华尔街日报》刊文妄称中国是"真正的亚洲病夫"中方回应 [EB/OL].(2020-02-11).[2020-03-04].https://world.huanqiu.com/article/3wyuOKH6SUB.

[8] 物道. 我们忌讳的纸扎，被法国人拿到博物馆展览：中国人的死亡是浪漫的 [EB/OL]. (2019-10-28).[2019-11-15]. http://baijiahao.baidu.com/s?id=1648901753138629178&wfr=spider&for=pc.

[9] 西安外国语大学国际舆情与国际传播研究院. 洛伊民意调查：澳大利亚民众对中国的情感偏见 [EB/OL].(2019-7-15).[2019-11-30].http://icgpo.xisu.edu.cn/info/1167/4866.htm.

[10] 习近平. 推动全球治理体制更加公正更加合理，为我国发展和世界和平创造有利条件 [EB/OL].(2015-10-14).[2019-10-10]. http://cpc.people.com.cn/n/2015/1014/c64094-27694665.html.

[11] 习近平. 携手构建合作共赢新伙伴，同心打造人类命运共同体——在第七十届联合国大会一般性辩论时的讲话 [EB/OL]. (2015-09-28).[2019-01-12].http://www.cnki.com.cn/Article/CJFDTotal-ZNKJ201510001.htm.

[12] 浙江日报. 浙企深度融入"一带一路"：未来三年培育百家中国优质品牌出海 [N/OL].[2018-09-29]. http://k.sina.com.cn/article_1708763410_65d9a91202000ncyb.html.

[13] 中国人民政治协商会议第一次全体会议. 中国人民政治协商会议共同纲领 [EB/OL].(2011-12-16).[2019-08-17]. http://www.cppcc.gov.cn/2011/12/16/ARTI1513309181327976.shtml.

[14] 中国社会科学院.2020 年度中国网络文学发展报告 [EB/OL]. (2020-03-15).[2020-04-05].https://baike.baidu.com/item/2020 年度中国网络文学发展报告/56404048?fr=aladdin#1.

[15] 中国音数协游戏工委. 伽马数据. 国际数据公司.2017 年中国游戏产业报告 [EB/OL].(2017-11-29).[2019-11-12] http://www.xinhuanet.com//info/2017-11/29/c_136786870.htm.

[16] 中国音像与数字出版协会.2018 中国网络文学发展报告 [EB/OL].(2019-08-10).[2020-11-28]http://culture.people.com.cn/n1/2019/0810/c429145-31287235.html.

[17] 周翱. 中东地区电子商务快速成长 [N/OL]. [2019-05-08]. http://paper.people.com.cn/rmrb/html/2019/05/08/nw.D110000renmrb_20190508_5-17.htm.

[18] Credit Suisse Research Institute. World Wealth Report 2019 (R/OL). [2019-10-22]. https://worldwealthreport.com/resources/world-wealth-report-2019.

[19] Gallup International. Global Index of Religiosity and Atheism, 2012[R/OL]. [2018-11-14]. https://max.book118.com/html/2018/1114/6203043033001231.shtm.

[20] Gallup. Media Freedom Largely Stable Worldwide in 2016[R/OL]. [2019-7-8]. https://news.gallup.com/poll/209552/media-freedom-largely-stable-worldwide-2016.aspx.

[21] RSF. Worldwide Press Freedom Index [R/OL]. [2018-8-1]. https://wordsandimages.battleface.com/2018s-world-press-freedom-index/

[22] The World Factbook[R/OL]. [2019-07-14]. https://www.cia.gov/library/publications/download/download-2008/index.html.

[23] We are social & Hootsuite. Digital 2019[R/OL]. [2019-5-1]. http://www.199it.com/archives/870212.html.

附 录

一、受访者列表

编号	代称	受访者单位	访谈时间及方式	职务级别	备注
1	X	中非民间商会	2019年10月30日，面访	高级管理人员	
2	D	出海央企	2019年11月1日，电话访谈	集团传播部门负责人	
3	L	地方政府外宣办	2019年11月28日，电话访谈	部门负责人	
4	M	中央新闻传播机构	2019年11月28日，电话访谈	部门负责人	
5	J	人民日报某地海外分社	2019年11月30日，面访	记者，部门负责人	该地为物质满足社会
6	W	北京市政府	2019年12月16日，电话访谈	原对外传播官员，发言人	
7	H	北京某外宣事业单位	2019年12月16日，电话访谈	原部门负责人	
8	S	地方政府环保部门	2019年12月17日，面访	原部门负责人，发言人	
9	N	主流媒体经济版	2019年12月17日，电话访谈	记者，部门负责人	
10	C	英国媒体驻京分社	2019年12月19日，面访	公共关系负责人	该地为价值观满足社会

续表

编号	代称	受访者单位	访谈时间及方式	职务级别	备注
11	Y	中企在阿拉伯地区跨境电商平台	2019年12月20日，电话访谈	海外传播负责人	该地为身份满足社会
12	A	中国某跨国社交媒体	2019年12月20日，电话访谈	总编辑	
13	B	某国际幼儿园	2019年12月23日，面访	教师	在京美国人，环保人士
14	P	某国际幼儿园	2019年12月23日，面访	教师	在京澳大利亚人
15	O	中国传媒大学	2019年12月24日，电子邮件访谈	短期合作项目学生	东南亚某国政府官员

二、访谈观点摘要

（仅摘选部分信息）

受访者 X

中国企业在非洲没有形成品牌附加值，品牌形象不清晰，在非洲，中国商品往往意味着"价廉质低"。非洲人民提到好的东西，往往会想到日本品牌，他们认为日本商品代表着"品质"，而中国商品代表着"便宜"。这和日本商社开拓新市场的策略精准，进入非洲市场的时间早有关，甚至还和日本给予非洲国家的援助需求匹配度高有关，各种原因形成了品牌的积累效应。由于殖民历史带来的记忆，除了日本以外，欧美商品也代表着"优质"。这种累积效应对中国的品牌造成了很大影响。比如中国某知名家电品牌近几年把一些高质量的家电产品引进了非洲市场，但是根据我们在当地的调研，非洲人民对该家电的印象是"这是一个优质的德国品牌"。

其实非洲媒体对于中国企业并没有我们想象的那么"说好话"。由于殖民历史的原因，非洲媒体受欧美媒体的影响大，大多数还是西方视角。西方媒体在非洲的经营时间长，如果站在西方立场上对中国企业进行负面报道，非洲媒体就会跟风。而且，非洲人民也非常容易受媒体报道的影响，会跟风。比如2017年，西方媒体炒作的"中国塑料大米"事件，这个报道在非洲传播范围很广，使很多公众相信"中国的大米是塑料的"，以至于不敢买中国的大米。

不过，西方和非洲媒体对于中国企业的本地化用工方面的报道这几年越来越偏向于正面，这也与我们企业一直在做的努力相关。几年前，西方媒体一直诟病我们挤压当地就业，但是近几年，随着本地化用工比例的提升，这方面的报道客观多了。比如我们有个民营企业在埃塞俄比亚建厂解决了当地6 000人的就业问题，CNN、Times都进行过报道。

受访者 D

在海外传播建设中，我们企业也曾有过"一张蓝图打天下"的时期，但尝试下来，发现由于不同区域之间差别很大，"一张蓝图"很多时候不好用，不能适用于全世界，还是需要有一个更细分的指导方针。

在实践中我们发现，区域不同，传播效果差异很大。比如我们海外传播做得比较好的地区有中东、俄罗斯和东南亚，而传播做得非常困难的有美国和欧洲。在中东区域，比如沙特、阿联酋、科威特，企业品牌传播推进得比较顺利，这很出乎我们意料。此前我们预测中东地区会是一个难点，因为我们认为当地宗教影响力非常强大，媒体偏保守，中国文化和当地文化差异大，沟通和文化融合都比较困难。但是，三年尝试下来，反而中东地区是我们海外传播工作中的亮点区域。

不太成功的案例也有。比如我们曾在俄罗斯做了一系列传播，突出的重点是我们是一家环保标准很高的公司。由于当时国内的舆论环境正是媒体对于我们环保问题存在颇多质疑，因此，我们把这个思维平移到了海外传播中，以为俄罗斯公众也一定非常重视环保问题，结果传播效果很差。后来我们才知道，当地自然资源很好，森林覆盖面积大，而人们的生活水平并不像欧洲那么高，因此环保问题并没有进入当地主流社会议题中，相对于其他问题，环保问题属于非常小众的话题。

欧洲的公众极少有人真正知道中国央企是谁，有的话也仅仅是知道是一家上市公司。所以我们在欧洲的形象就是金融资本市场上的一个名字，并不具体。人们不关心你。所以，很难进行品牌建设。

受访人 L

2016 年我们启动了"海外传播官"项目推广我们当地的文化，聘请了 36 个人，分别来自美国、意大利、西班牙等国家。3 年下来，到目前为止我们一共聘请了近 200 名传播官，主要是海外侨领，也包括意见领袖、华裔以及在中国的外国人，还有一些小朋友做了"小小海外传播官"。运用的是非常日常的手法，比如自己拍摄短视频上传到 Facebook 上面，或者看到一些好的文章随手转发到自己的朋友圈、微信群，影响身边的人。

我们发现在海外的留学生群体是一个非常重要的窗口，代表了中国人的海外形象，年轻活跃，对新媒体非常熟悉，而我们的侨领大多年龄比较大了，如果能够多发展一些留学生作为海外传播官，就可以扩大传播群体的覆盖面。

受访人 J

目前中国的海外传播效果还是比较难以直接看到的。首先是中国符号不多，无论是文化产品还是别的，可能我们有输入，但是缺少影响力。比如，在印度几乎没有见过中国的电影播放，但是好莱坞的电影在该地和美国几乎是同步上线。中国商品是遍布世界各地，但是由于我们输入的都是中低端产品，对于"Made in China"，大家形成的还是偏负面的印象。我在采访的时候经常会有人讲，"你们中国制造的灯泡，我们买来只能用一两个月就坏了，但是你看美国产的灯泡，我们能用一年"。其实，两者的差价是很大的，人家拿美国品牌做对比，说明在很多欠发达地区，高端产品也有市场。虽然我所在的那个地区整体经济水平较低，但是两极分化严重，精英层级话语权大。我们总是输入一些低价产品，久而久之，中国制造的价低质劣的印象就形成了。

我所在地区阶层分化很严重，绝大多数人受教育程度很低，连温饱问题都没有解决，根本无心去关心两国关系的问题。而精英阶层，包括政府官员、学者和受过高等教育的企业职员，他们长期接受的是西方化的教育和生活方式，与中国在心理上是有隔阂的。商人普遍对中国比较友好，因为中国的经济发展很快，机会多，中国的经贸交流其实是对外传播的一个利器。

西方的社交媒体在当地很发达，政府并不会管辖社交媒体上的内容，即使是谣言也不会受到限制，会传播很广。普通人如果关注中国，会听到西方视角的声音。长久以来，我们中国在当地的企业都过于低调，几乎没有对国家形象有加分。

受访人 W

我们过去的官方传播现在看来仍然是有借鉴意义的，主要有以下几点。第一个是高端交流。在几乎从零开始的时期，我们的国际关注度很低，我们设计并坚持了高端交流的思路，所有传播活动都围绕领导人出访来做，从时间、地点、活动内容的设计，都以领导人出访为核心，有一个整体思路，然后各部门配合。这样做的好处是受关注度高，能跟国外媒体抢到报道资源，而且关注的人群也比较高端，都是精英阶层，他们的话语权大，我们那时候就是要争取到他们的支持。第二个是优势资源捆绑。我们自认为中国能对外传播的资源很多，但其实大部分都是自说自话，真正外国人感兴趣的、能理解的东西很少，只是单纯地展示一次，看似热闹，其实效果很差。所以我们当时采取的策略是优势资源捆绑，文化开道，科技、经济资源跟上，光说也不行，要多建立实际联系，包括建立国际友好城市，开办文化周、文化年，形成持续的交流。第三个就是举办大型活动了，北京奥运会是最好的机会。当然除了奥运会，我们还办了很多高端论坛，在那个时候，起到了让世界快速聚焦中国、认识中国的作用。

现在倒是大家都有实力出海了，但是反而东一句西一句，众声喧哗，缺少国家层面的整体规划，我觉得这是未来最需要解决的。

我认为我们传播的一个普遍意识就是我想让你"知其然"就好了，但国外受众，尤其是西方国家，他们更想"知其所以然"。比如，我们展示一个非遗文化产品，像景泰蓝啊，泥人啊，印花布啊，我们往往觉得给你看个成品就行了，但是外国人更感兴趣的是它的整个制作出品过程，觉得更有吸引力。所以我们要从展示变成讲故事，而且要慢慢讲，不要急就章，要讲一个完整的故事。以我为主肯定不行，需要大家互相配合。

受访者 S

为了向德国环保系统介绍环境监测工作，我们向对方重点宣传已建立了200多个监测基站，我们的工作做得又多又好。结果德国环保官员很不解，反而认为中国环保工作确实做得很差。他们说我们只是建了一个监测基站，而他们觉得如果环境出了问题，应该把更多的钱投入到治理中，而不是花很多钱去做监测。类似这样的差异在跨文化工作中经常发生。

受访者 N

我去了很多国家采访，一个突出感受就是我们国内各地外宣办制作的大量外宣品，在国外根本看不到。当我们到了，外国人追着我们要习总书记在国内各种讲话的小册子，而我们在这方面提供的产品太少了。

受访者 C

作为英国媒体，我们在本国舆论中确实也受到了一些质疑，比如我们拍了华为的故事，就说我们"亲华"等。但是这不重要，因为在英国，只有政党才在乎意识形态，更多的人还是普通观众，他们更在乎片子细节中体现的价值观。

现在很多大企业在做国际传播的时候，聘请了外国团队做了一些更适用于西方文化体系中传播的案例，用于海外传播，效果很好，因为非常符合西方主流价值观，可以无障碍传播。

受议程设置的影响，记者本身就是一个比较注重意识形态差异的群体，所以要改变海外记者的观点是非常困难的。英国媒体在中国开展业务的时候，文化差异当然很多，比如英国人订做的礼品是一把伞，伦敦总是下雨，他们最喜欢送的礼物就是伞。而且他们认为这很漂亮啊，还是绿色的，代表着自然，代表着环境意识。但是我们在中国送人之前总要先问一句"您介意我送伞吗？"因为在中国文化里，伞的谐音是"散"，很多人是很忌讳拿伞送礼的。这些文化差异倒谈不上障碍，双方最大的差异是难以互相理解，除了意识形态，就是环保意识这一点也比较突出。环保意识在很多欧洲公司都是贯穿在每时每刻，每一个细节里的，对于资源浪费比较不能接受。比如为了节约资源，我们在办公室里设计了很多可以升降的供使用者站立工作的桌子，方便各地出差人员流动办公。但他们其实很不喜欢看到我们的企业宣传在海外设置了豪华巨大的办公场所等。

受访者 B

比起古老的中国，我更喜欢现代的中国，比如中国刚刚举办的国庆

70周年庆祝活动，我就非常喜欢，很有吸引力。我妻子是中国人，她是学医的，我觉得中医也很有意思。

我是一个非常重视环境保护的人。中国现在很多人的环保意识都很好了。在北京，我有很多中国朋友也喜欢支持和参与环保活动。其实在美国，真正非常关心环保的人也并不多，但是美国媒体会加大关于环保方面的宣传。我觉得中国也有必要这样做。我很喜欢70周年的庆祝活动，但是唯一不喜欢的是广场上有大量的气球，那让我觉得有些浪费。

致　谢

　　经过两年的跟踪研究和更新，我的博士论文终于以书籍的形式出版了。这期间我尝试用消费文化的理论框架去观察国际传播案例、实际参与到北京 2022 年冬奥会和冬残奥会等国际传播实践中，以验证或修改研究结论。最近几年，社会总是以超乎我们想象的形式在变化着，各种冲突震撼着我们，也让我们时刻反思。在这种时候，如果提出一个新的理论框架，对于像我这样的非著名学者来讲，实在是有些冒险。因此，尽管与清华大学出版社早早签订了出版合同，负责任的张莹编辑也多次催促稿件，我仍然一拖再拖，直到自认为书中观点在国际形势剧变的环境下仍然成立，且经过了北京冬奥会这样的大型国际传播活动初步验证了理论适用性后，才敢将稿件交付出版。

　　当我编辑这篇文字的时候，忽然发现距离上次写博士论文的致谢，即 2020 年 3 月 31 日，正好过去了两年。当时，很多人满怀希望地认为，疫情很快就会过去，而今天，互联网上更多的人在感叹，不知不觉中已经被疫情偷走了三年时光。

我的导师董关鹏一直奋战在疫情发布的第一线。在新冠肺炎疫情早期，作为传播专家组成员，还在武汉"作战"的董老师就在无比紧张的工作间隙抽出时间来，给我的博士论文提出了细致的指导意见，并最终远程指导我完成线上答辩，顺利取得博士学位。

我曾戏称董老师是化腐朽为神奇的快手，我是他的诸多优秀学生中最庸常懒惰的一个，总是交出一部差强人意的作品，而他总有能力将所有人的作品变得更出色，只是，在我的作品上需要花费的时间相对更多一些。

记得 2006 年，在我硕士毕业的时候，我当时的导师董关鹏对我说，再读三年，拿个博士学位也好。当时急于走入社会的我毫不犹豫地拒绝了。此后每隔几年，董老师都会说，你再去读个博士吧。而我总是觉得自己还没有准备好离开生活的舒适区，去走入一个需要静心的读书世界。这一拖就拖到了 2017 年，我已是两个孩子的母亲，才终于又作为董关鹏老师的第一个博士生，开始了新的一段师生路。

人生的路上有很多路口要走，或早或晚，没有对错，只有不同的风景。感谢董老师对我的包容和不断鞭策，才让我最终走上一条本不在我人生规划中的路。很庆幸，我在"不惑"这个人生阶段完成论文的主体写作，年龄和生活状态已经让我能够相对超脱地看待这件事，令它变得真正有意义。

回首过去，在 2003 年非典疫情后，也是董老师带我参与了第一次政府发言人培训，那可以说是国内新闻发布领域的创新之举。随后一系列的机缘打开了我对于公共关系、危机传播管理、政府信息公开等领域的认知之门。这二十年间，我对于新闻传播的兴趣、知识积累、认知升级都得益于在那个非常时期深度参与了政府新闻发布领域的早期探索，并结识了一批优秀的政府新闻发言人、前辈老师、一起战斗的同事。

感谢传媒大学的刘笑盈老师、何兰老师、赵雪波老师，清华大学的王君超老师，在本书的雏形阶段，即博士论文开题和答辩期间，他们以渊博的学识、严谨的学术态度帮助我分析论文中的逻辑问题，指出文字中的粗糙、晦涩和含混之处。感谢青山资本的张野先生，在与他的多次讨论中，在参与青山发布的若干消费研究报告中，我获得了若干关于消费问题的启发。

感谢我所有的访谈对象们对研究的支持。他们有的来自中央政府宣传部门的重要岗位，有的是在地方政府身经百战的基层干部，有的是经常连夜加班的企业高管，有的只是我身边的一个普通外国朋友，但他们都欣然接受了我的访谈邀请，抽出宝贵的时间分享个人的经验、思考。特别要感谢北京市原新闻发言人王惠、中石化原新闻发言人吕大鹏、北京市环保局原新闻发言人杜少中等几位资深发言人老师多次不吝赐教，给出了非常有价值的建议。

感谢在这几年间信任我并聆听了我的各项课程的政府发言人、企业传播官们，是在与你们一次次的交流及课后一个个来自一线的疑难问题的提出过程中，让我敢于放弃更安全更容易的研究题目，而开始从实用价值出发来考虑，选择做一个颇为挑战自己能力的命题，哪怕这只是一个冒险。

最后还要感谢我的家人，特别是我的两个异常活泼的儿女。在读博及写作期间，他们百分之九十的时间都在要求我陪他们玩，解决他们之间几分钟就会爆发一次的小矛盾，而剩下百分之十的时间会懂事地说，妈妈在学习，我们不要打扰她。正是这少许的安静时间，令我得以完成这本书的写作。

寇佳婵

2022 年 3 月 31 日